사운드 맵

음악으로 그린 서울 지도

〈사진 자료 제공과 출처〉

21, 46, 101, 114, 140, 152, 162, 178, 208, 225, 239쪽 사진 : ⓒ서울특별시
41, 55, 80, 103, 234쪽 사진 : ⓒ한국영상자료원
23, 27, 214쪽 사진 : ⓒ국가기록원
98쪽 사진 : ⓒ문화재청
233쪽 사진 : ⓒe영상역사관

해당 사진은 소장하고 있는 곳의 허락을 받아 사용하였습니다.
빠지거나 잘못된 점은 다음 쇄에 수정하겠습니다. 도와 주셔서 고맙습니다.

사운드 맵 음악으로 그린 서울 지도

초판 인쇄 2015년 11월 3일 **초판 발행** 2015년 11월 10일
글 이진성·박재철·이영미

펴낸이 김덕균 **펴낸곳** 라임북 **편집** 김원숙 박고은 **디자인** 박재원
출판등록 제2014-000075호 **주소** 서울시 마포구 동교로 221 2층
전화 02-326-1284 **전송** 02-325-9941 **전자우편** contents@openkid.co.kr

ISBN 979-11-5676-069-6 03680
값 14,000원

사운드 맵

음악으로 그린 서울 지도

이진성 · 박재철 · 이영미 지음

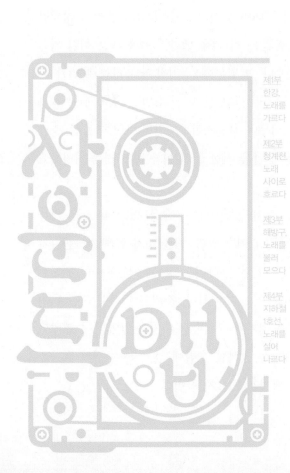

라임북

책을 내며

1.

보는 사람이 있을까 싶어도 책은 나온다. 종류와 모양, 분량과 밀도도 천차만별이다. 책을 내면서 이런 질문이 참 어울리지 않지만 그래도 꺼내 본다. "사람들은 왜 책을 낼까?" 책을 내는 이런 저런 멋진 이유들이야 있겠으나 그 밑동에는 '인정 욕구'라는 뿌리가 짜리를 틀지 않았나 싶다. 격려 받고 싶고, 치하 받고 싶고, 선망 받고 싶고, 사랑 받고 싶은. 너무나 자연스런 그 '인정 욕구'가 모든 출판의 뿌리라면 거기서 뻗어 나옴 직한 줄기 이름 몇 가지를 거명하고 싶다.

첫 번째는 기록이다. 책처럼, 흩어진 구슬을 꿰는 실 같은 기능을 해줄 만한 매체는 달리 없어 보인다. 책을 내기 위해 기록한다기보다 기록을 하다보면 책이 된다. 라디오 방송 대본을 이렇게 책으로 내는 가장 주된 이유 역시 그러하다. 소리를 다루는 사람들이 문자의 영역으로 월경을 하기에 주저함이 없지는 않았다. 그럼에도 책의 기록적 매력 앞에서는 굴복할 수밖에 없었다. 이 책의 출간은 오롯이 기록의 의미를 되새겨 보고자 함이다.

다음은 기억이다. 같은 말의 반복이겠으나 기록은 기억함이다. 무엇을 기억하고자 하였는가? 먼저 제작에 참여한 세 사람의 시간을 기억하고 싶었다. 더불어 우리가 인터뷰한 사람들의 사연과 거기에 얽힌 아름다운 노래들을 기억하고 싶었다. 한 뼘 더 욕심을 내보자면 제작한 내용물이 청취자에게 기억되길 원했다. 종이의 질감으로 전달될 수 있는 책이라면 그 기억의 시효가 조금은 더 늘듯했다.

마지막으로는 기쁨이다. 숨길 필요가 뭐가 있을까? 자신의 이름을 달고 나온 책을 받아본 즐거움이 어떤 건지 확인해보고 싶었다. 저술 목록이 한식당의 메뉴만큼이나 많은(!) 한 사람을 제외하곤, 샐러리맨 두 피디에게는 인생에 한 번쯤은 경험해 보고픈 기쁨이었다. 그 기쁨의 동심원이 조금 커져 라디오 콘텐츠가 활자화될 수 있다는 이 소박한 기쁨이 다른 동료들에게도 퍼져 나갔으면 했다. 기쁨은 나눌수록 배가된다고 하지 않던가.

기록과 기억과 기쁨, 인정 욕구이라는 뿌리에서 뻗어 나온 세 줄기의 이름들이 책을 내보자는 머뭇거리는 우리의 마음을 뒤에서 세차게 등 떠밀었다.

2.

이 책은 지난 2013년 12월 17일부터 20일까지 60분씩 4일 동안 방송한 4부작 교양 다큐멘터리, CBS 라디오 특집 〈사운드 맵 SOUND MAP 음악으로 그린 서울 지도〉(이하 〈사운드 맵〉)의 원고를 손질한 것이다. 비주얼한 '장소'를 청각적인 음악을 통해 재구성해 보면 어떤 이야기들이 가능할까? 라는 질문에서 출발한 라디오 다큐가 〈사운드 맵〉이었다.

길을 걷거나, 책을 보거나, 짐을 나르거나, 음식을 하면서, 누구나 일상생활 속에서 흥얼거리는 익숙한 노래 하나쯤은 있기 마련이다. 그 노래 속에는 리듬이 있고 선율이 있고 가사가 있다. 그리고 우리가 터 잡고 살아가는 장소의 흔적도 있다. 그것을 '장소성'이라 칭해 보면 어떨까? '장소성'이라는 이름의 풍속사와 문화사와 사회사가, 다양한 그 역사의 갈피갈피들이, 익숙한 노래에 슬쩍 끼워져 있다면 말이다. 〈사운드 맵〉은 우리가 무심코 흥얼거리는 노래들 속에 꽂혀 있는 갈피들을 곱게 펴서 새롭게 읽어보려는 시도였다.

제1부에서는 강남과 강북의 서로 다른 장소성이 어떻게 한강을 사이에 두고 서로 다른 성격의 노래를 만들어 내는지 만나 보았다. 제2부에서는 청계천 이북과 이남이 조선 시대와 일제 강점기, 그리고 현대에 이르기까지 권력의 변화에 따라 어떻게 변화해 왔는지 그 변천사를 반영한 노래는 어떤 것들이었는지 살펴보았다. 1, 2부가 노래 속에 담긴 서울의 이야기라면, 제3부는 노래를 만들어낸 장소에 대한 이야기 쪽으로 방향을 약간 선회했다. 서울의 문화적 해방구로서 이태원과 신촌, 대학로 그리고 홍대가 감당한 역할과 음악 이야기를 담았다. 그리고 마지막 제4부에서는 지하철 1호선으로 표상되는, 청량리, 영등포, 구로, 동대문 등 '서울살이'의 고단함이 짙게 밴 장소의 노래 이야기를 하나하나 톺아보았다.

서울에 대한 이야기를 '사운드 맵'이라는 틀에 담아내겠다는 기획은 이진성 PD의 것이었다. 서울에서 나고 자라 나이를 먹어가며 이제야 조금씩 서울 여행의 맛을 알게 되었다는 그는, 천천히 걸으며 일상을 여행하겠다는 마음을 먹는 이에게 서울은 비로소 속살을 드러낸다고 말한다. '노컷뉴스' 지면에 서울에 대한 여러 편의 글을 쓰기도 한 그에게, 이 프로는 꽤 오랜 숙원이었던 셈이다. 이미 『광화문 연가』(2008)라는 책으로 대중가요 속의 서울사를 정리하신 이영미 선생에게 자문을 부탁했는데, 어찌 하다 보니 대본 전체를 집필하는 작가로 모시게 됐다. 대본은 빠르게 완성되었고, 이진성은 상당히 많은 인터뷰이를 신명나게 찾아다니며, 평소에 궁금했던 이야기를 캐내어 생생한 목소리로 담아 왔다. 이 '환상의 드림팀'에 동참하게 됐으니 나로서는 고맙기 이를 데 없는 일이다. 게다가 한국피디연합회의 제26회 '한국PD대상', 라디오 특집 부문 작품상을 수상하게 됐고, 관훈클럽의 신영연구기금의 도움으로 책으로까지 출간하기에 이르렀다. 방송 프로그램으로서 이런 겹경사가 쉽지 않다.

방송 프로그램 〈사운드 맵〉은 CBS 홈페이지에서 다시 들을 수 있다.('라디오'에서 '라디오 기획 특집'을 검색하면 날짜별로 정리되어 있다.) 바쁜 시간을 쪼개 내레이션을 맡아주신 가수 한영애 선생의 그윽한 음성으로 듣는 〈사운드 맵〉은 책으로 읽는 것과는 또 다른 매력을 느끼게 할 것이다.

3.

책은 방송 프로그램 〈사운드 맵〉을 거의 그대로 옮겨놓은 것이다. 귀로 듣는 라디오 프로그램과 눈으로 읽는 책이 큰 차이가 있다는 것을 모르는 바 아니다. 라디오 다큐에서는 생생하게 소리로 전달되는, 그 시절 서울을 증언하는 전문가와 대중음악인들의 목소리를 책에서는 질감 그대로 살릴 수 없다. 무엇보다도 이 프로그램에서 가장 중요하다 할 수 있는 노래를 소리로 들려 드릴 수 없으니, 아쉽기 그지없다. 그래서 대중적 인문서로서의 독자적 완성도와 가독성을 높이는 방식으로 완전히 다시 쓸까 하는 생각을 해보기도 했으나, 결국 방송 프로그램을 그대로 기록하자고 마음먹었다.

책 꼴이 되도록 만드는 일은, 방송 다큐를 만드는 것과는 또 다른 일이었다. 아무리 방송 원고를 고스란히 수록하자 했어도, 최소한의 가독성을 갖추는 수정이 필요했다. 60분짜리 방송의 원고는 꽤 길어, 그저 문자로만 읽기에는 불편함이 있었다. 그래서 각 부는 내용의 흐름에 따라 몇 개의 꼭지로 나누었고, 소제목을 붙여 독자의 읽는 호흡이 편안하도록 고려했다. 그리고 각 부의 앞부분에 짧은 요약을 겸한 인트로intro를 덧붙인 후, 방송된 원고를 고스란히 수록했다. 방송되었던 노래는 가사를 수록했고, 인터뷰는 생생한 구어체를 살려 채록하였다. 서울사史, 대중음악, 국문학 등 분야의 내로라하는 연구자들의 인터뷰, 당시 서울을 살아오신 대중음악인과 시민들의 목소리가, 짧지만 충실하게 담긴 소중한 기록이라 할 만하다. 〈대한뉴스〉나 〈장군의 아들〉〈O양의 아파트〉 등 영화의 음향을 쓴 부분도 대사를 꼼꼼히 녹취해 적고 지문을 붙여, 독자가 소리와 영화 장면을 상상할 수 있도록 했다. 내레이션부터 인터뷰까지 모두 구어체로 쓰여 있어 눈으로 읽기에 좀 낯설다 싶을 수 있으나, 한영애 선생님을 비롯한 여러 분들의 목소리를 상상하며 읽으면 조금 더 흥미롭지 않을까 싶다. 그리고 책의 말미에, 맺음말을 대신한 아우트로outro를 덧붙였다. 마지막으로 사진들을 넣어 이해를 돕도록 했다. 돈도 안 되는 책을 기꺼이 만들어주신 김덕균 대표와 복잡한 원고를 잘 감당해주신 김원숙 편집자께 고마움의 말씀을 드리고 싶다.

이 라디오 다큐멘터리는 음악에 관련된 것이다. 무심히 쏟아지는 어느 아침의 햇살처럼, 누군가에게 쏟아질 노래 역시 햇살 같은 존재가 아닐까 한다. 햇살을 가질 수 있는 유일한 방법, 우리 곁에 흔하지만 귀한 것을 가지는 방법과 다르지 않다고 생각한다.

그냥 노래를 듣는 것. 햇살을 맞듯이 말이다. 거기에 특별한 까닭이 있을까? 다만 주의를 기울여 듣는 것. 그것이면 족한 것이다. 이 다큐멘터리의 기록이, 우리 주위의 노래들에 좀 더 귀를 기울여야 하는 또 하나의 이유가 되었으면 하는 바람이다.

2015. 10. 12
이진성·박재철·이영미를 대표해
프로듀서 박재철 쓰다

목차

한강,
노래를 가르다
-강남과 강북

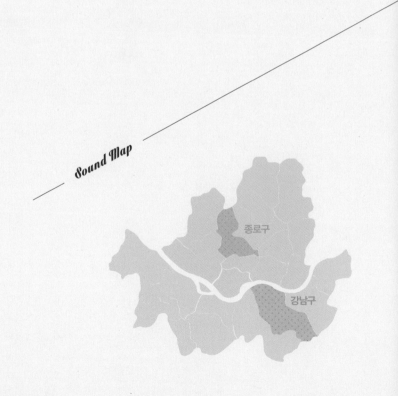

Sound Map

종로구

강남구

Sound Map

급격한 인구 증가와 1968년 1·21사태로 인한 안보 위기, 경부 고속도로 준공을 계기로 강남 개발이 급속히 진행됐습니다. 인위적인 개발을 통해 아파트 숲, 소비와 유흥 문화의 핵심으로 떠오른 강남은 새로운 히트곡들을 만들어냈습니다. 혜은이의 〈제3한강교〉와 윤수일의 〈아파트〉 등은 강남 개발 70년대와 80년대의 풍경을 리얼하게 담아냈습니다. 특히 강남 영동 지구의 성인 유흥 문화 번창은 〈신사동 그 사람〉 〈사랑의 거리〉 등 트로트 전성기를 낳았습니다.

90년대에 강남 유흥의 중심이 신사역 주변의 성인 문화에서 강남역과 압구정동 주변의 신세대 젊은이들의 문화로 변하자, 강남역 나이트클럽 디제이들이 프로듀서로 나서서 만들어낸 노래들(김건모 앨범 프로듀서 김창환, Ref, 철이와 미애 등)이 90년대 대중가요 댄스음악의 전성기를 구가합니다.

반면, 강북에서는 〈강북에 산다〉와 〈메리 크리스마스〉 등으로 강

15

남에 대한 소외감이 표현되거나 〈옛사랑〉 〈광화문연가〉 〈혜화동〉
〈내 고향 삼선교〉 〈이화동〉 등 화려하지 않으면서 어쿠스틱하고 향
수 어린 노래, 강남과는 다른 옛 도심의 정취를 담아내는 노래들이
만들어집니다. 강북에서 서울을 표현하는 건전가요가 80년대 들어
기존의 행진곡풍에서 〈서울 서울 서울〉처럼 서정적이고 아련한 분
위기로 바뀌는 것도 같은 맥락입니다.

배추밭에서 서울의 중심으로 급부상한 강남

음악이 그리는 지도

장소는 음악을 낳고, 또 음악 때문에 그 지역은 특정한 이미지를 사람들 머릿속에 심어놓습니다. 음악은 스스로 지도를 그립니다.

노래란 게 참 흥미롭습니다. 샌프란시스코에선 왠지 머리에 꽃을 꽂아야 할 것 같고, 동백꽃 피는 4월이 되면 선운사에 가고 싶은 마음이 굴뚝같아집니다. 청량리역을 지날 때면 춘천 가는 기차를 타고 싶어지고 음악은, 그렇게 스스로 지도를 그립니다.

대한민국에서 가장 많은 대중음악을 탄생시킨 도시는 서울입니다. 우리는 음악으로 어떤 모양의 서울 지도를 만들어 놓았을까요?

우리는 대중음악이라는 소리로 서울의 지도를 그려보려고 합니다. 이 지도를 만들면서 장소가 어떻게 노래를 낳는지, 또 노래는 어떻게 장소를 담는지, 그 어우러짐의 모습을 만나볼 수 있을 것입니다.

『사운드 맵 음악으로 그린 서울 지도』. 먼저 제1부 '한강, 노래를 가르다-강남과 강북' 편입니다. 저와 함께 서울 여행을 출발하시죠.

서울의 중심은 어디일까?

봄비를 맞으면서 충무로 걸어갈 때
쇼윈도 그라스엔 눈물이 흘렀다
이슬처럼 꺼진 꿈속에는 잊지 못할 그대 눈동자
샛별같이 십자성같이 가슴에 어린다 //
보신각 골목길을 돌아서 나올 때엔
찢어 버린 편지에는 한숨이 흘렀다
마로니에 잎이 나부끼는 이 거리에 버린 담배는
내 맘같이 그대 맘같이 꺼지지 않더라 //
네온도 꺼져가는 명동의 밤거리엔
어느 님이 버리셨나 흩어진 꽃다발
레인코트 깃을 올리며 오늘 밤도 울어야 하나
바가본드 마음이 아픈 서울 엘레지
말로 〈서울야곡〉 (유호 작사, 현동주 작곡, 현인 노래, 1950)

말로가 재즈 스타일로 리메이크한 〈서울야곡〉입니다. 1950년 현

18

인의 목소리로 발표된 노래입니다. 작사는 방송극작가 유호였고, 현인 스스로 작곡하고 노래도 한, 그의 대표작입니다. 당시로서는 세련된 분위기를 자아냈던 탱고 음악이었습니다.

충무로에서 시작한 이 노래는 종로 보신각 앞을 거쳐 3절에서 다시 명동으로 돌아갑니다. 불과 50, 60년 전만 해도 서울 번화가란 사대문(四大門) 안의 이곳들이었습니다.

리포터 (거리에서 시민들에게 묻는다) 친구들과 시내에서 만나면 주로 어디에서 만나셨어요?

중년 여성 시내, 뭐 을지로, 이쪽으로 많이 나갔죠. 명동, 을지로…

중년 남성 종로 3가에도 많이 만났죠. 학교가 그 근처라. 단성사도 가고, 종로에 있는 그 극장, 이름이 뭐더라…

중년 여성 명동 가면 사람 냄새도 많이 나고, 그쵸? 명동 가면 생기 있고 사람 북적북적하고.

장년 남성 그냥 강남. 강남역 몇 번 출구 앞으로 오라고…

장년 여성 저는 무조건 강남역이요. 지금은 없어졌는데, 뉴욕제과 앞에서 만났어요.

청년 남성 가로수길이나 강남, 클럽 가려고 모이죠.

시민들 머릿속에 그려진 지도가 분명한 세대 차이를 드러내고 있습니다. 젊은 세대의 마음속 지도에서 서울의 중심은 어느새 한강을 건너 '강남'으로 이동했습니다.

> 오빠 강남 스타일 강남 스타일
>
> 낮에는 따사로운 인간적인 여자
>
> 커피 한잔의 여유를 아는 품격 있는 여자
>
> 밤이 오면 심장이 뜨거워지는 여자
>
> 그런 반전 있는 여자
>
> 나는 사나이
>
> 낮에는 너만큼 따사로운 그런 사나이
>
> 커피 식기도 전에 원 샷 때리는 사나이
>
> 밤이 오면 심장이 터져 버리는 사나이
>
> 그런 사나이
>
> 아름다워 사랑스러워
>
> 그래 너 hey 그래 바로 너 hey (하략)
>
> 싸이 〈강남 스타일〉 (싸이 작사·작곡, 2012)

젊은 세대뿐이 아니죠. 건물 이름들도 이제 강남이 서울을 대표하기 시작했습니다. 강남성모병원도 이름이 서울성모병원으로 바뀌었습니다. 외국계 호텔 체인도 강남은 서울 본점, 명동은 명동점으로 불리고 있습니다. 대한민국이 '서울공화국'을 넘어 '강남공화국'으로 불리기 시작한 요즘입니다.

허허벌판에 놓인 제3한강교

하지만 기억하시는 분들 많으실 걸요? 불과 40년 전만 해도 강남은 그저 허허벌판 배추밭, 뽕밭이었다는 사실을.

박희(서울향토사학자) 1969년도에 고등학교 때 식목일 날 식수봉사를 강남으로 가는데, 한남동 순천향병원 밑에 있는 백사장에서 무동력선 바지선을 타고 건너가서, 그때는 한남대교 생기기 전이니까, 리버사이드 호텔 부근에서 내려서 다시 트럭을 타고 먼지를 뒤집어쓰고 비포장도로로 가는데, 가다보면 한참 가야 인가가 나타나고 넓은 벌판에 채소만 가꾸는 덴데, 거기 나온 사람들이 이렇게 보고 하는 얘기가 뭐냐면 "야, 서울에서 학생들이 왔네" 그랬을 정도니까. 격세지감이죠. 그리고 도착한 곳이 어디냐면, 은광여고 부근쯤, 즉 말죽거리 부근의 어느 산에 나

개발이 되기 전 1970년대 잠실지구는 그저 허허벌판이었다

무를 심은 기억이 나요. 지금 가면 전혀 그때 모습을 찾을 길이 없고. 정신없죠. 우리 나이든 사람이 가면 우리 생리에 안 맞고.

향토사학자 박희 씨가 불과 40년 전에 경험한 배추밭 뽕밭이 불과 30년 만에 최고의 번화가로 바뀐 것입니다. 글자 그대로 상전벽해죠. 이런 변화는 어디서 처음 시작된 걸까요? 바로 이 다리가 놓이면서부터입니다.

강물은 흘러갑니다 제3한강교 밑을
당신과 나의 꿈을 싣고서 마음을 싣고서
젊음은 피어나는 꽃처럼 이 밤을 맴돌다가
새처럼 바람처럼 물처럼 흘러만 갑니다
어제 다시 만나서 다짐을 하고 우리들은 맹세를 하였습니다
이 밤이 새면은 첫차를 타고 이름 모를 거리로 떠나갈 거예요
강물은 흘러갑니다 제3한강교 밑을
바다로 쉬지 않고 바다로 흘러만 갑니다
혜은이 〈제3한강교〉 (길옥윤 작사·작곡, 1979)

이 노래 가사가 한때 바뀌었던 사연 혹시 아시나요? '우리 처음 만나서 사랑을 하고 우리들은 하나가 되었습니다'라는 게 원래 가사였는데, 그만 심의에 걸렸습니다. '처음 만나서 하나가 됐다'는 가사를 두고 심의하시는 분들이 이른바 '원 나이트 스탠드' 같은 외설

이제는 한남대교로 불리는 제3한강교 밑으로
여전히 강물은 흐른다

적인 상상을 했던 모양이죠. 가사는 결국 '어제 다시 만나서 다짐
을 하고 우리들은 맹세를 하였습니다'로 바뀌었습니다. 강남 제3한
강교 주변이 개발되고 이곳에 유흥가가 들어서다보니 이 노래에서
뭔가 묘한 장면을 연상하고선 또 마음대로 가위질을 한 것입니다.
그땐 하도 그런 일이 많아서 "또 걸렸구만!" 하고 생각했습니다.

무장공비와 강남 개발

   요즘 젊은이들은 제3한강교가 어딘지 모릅니다. 무리가 아니죠.
지금은 '한남대교'라고 부르고 있으니까. 제3한강교, 지금의 한남대교가 놓인 것은 1969년입니다. 그러나 한동안 그 다리는 거의 아무도 이용하지 않는 다리였습니다. 한강 남쪽에 배추밭밖에 없는데, 보통 사람들은 갈 일이 없었습니다. 그런데 정부는 왜 무리를 해서 한남대교를 놓았을까요?

> (아나운서 해설) "1월 21일 밤 10시경 북한 괴뢰 무장간첩단이 어둠을 타고 감히 서울까지 와서 난동을 부렸습니다. 일당 31명 (중략) 종로경찰서장이 이들을 저지하고 (하략)"
> 〈대한뉴스〉 659호(국립영화제작소, 1968. 1. 26.) 중에서

박희(서울향토사학자) 1·21 사태가 터지고 수도에 게릴라가 들어오는 것도 대단한데 대통령 관저 거의 문 앞까지 왔으니 엄청난 충격이었죠. 대단한 위기 아니겠습니까. 서울 사람들은 항상 위기의식을 가지고 있었어요. 북한이 쳐들어오면 어떻게 강 건너 도망을 가느냐…

1·21 사태, 이른바 김신조 청와대 습격 사건이 터진 해가 1968년입니다. 1968년이면 6·25를 경험한 지 불과 20년도 채 안된 시점이었습니다. 6·25 때 이승만 정부가 다리를 끊고 남하하는 바람에 서울 시민들이 피난도 못 가고 발이 묶였던 경험이 생생했던 때입니다. 그러다가 1·21 사태를 겪었으니, 서울 시민과 정부는 유사시에 또다시 강북에 발이 묶일까 두려움에 떨게 됐습니다.

안창모(경기대 교수) 능력이 안 되는데 강남을 왜 그렇게 서둘러 개발했느냐 하는 질문이 가능하죠. 그 배경이 바로 1·21사태입니다. 그리고 남북대치 상황 속에서 강남을 하루빨리 개발할 수밖에 없었던 안보·정치적 상황이 있었던 것이죠. 정권도 국민도 굉장한 위기감을 느꼈고, 그래서 당시 예비군 편성과 함께 강남 개발이 급속히 추진됐습니다. 강남 아파트 배치도 육군 보병학교에서 보안 목적으로 배치됐고요. 그러면서 정권도 서울시도 강남에 인구 분산 정책을 세우게 되죠.

1960, 70년대에 그렇게 수많은 한강 다리를 건설한 데에는 이런 역사적 배경이 있었군요. 이 다리들 가운데 제3한강교, 한남대교가 특히 중요했던 이유가 또 하나 있었습니다.

경부고속도로와 강남 개발

(박정희 대통령 신년 기자회견 육성) "지금 우리가 금년부터 착수하고 있는 경부고속도로 계획, 이것은 과거 우리 민족의 하나의 꿈이었다고 생각합니다. 이 꿈을 우리의 기술과 우리들의 자본과 우리들의 노력으로써 한번 이뤄보자. 아직도 경부고속도로에 대해선 안 된다고 생각하는 사람이 된다는 사람보다 숫자가 더 많다고 듣고 있는데, 나는 된다고 확신을 갖고 있다는 것을 이 자리에서 여러분께 말씀드립니다."

〈대한뉴스〉 658호 (국립영화제작소, 1968. 1. 19.) 중에서

(아나운서 해설) "서울과 부산의 천릿길에 고속도로가 뚫립니다. 우리나라 경제 건설에 비해 도로는 너무 좁고 (하략)"
〈대한뉴스〉 649호 (국립영화제작소, 1967. 11. 17.) 중에서

그렇습니다. 그건 바로 경부고속도로 건설이었습니다. 서울 도심에서 이 고속도로로 들어가는 길목의 다리가 바로 한남대교였지요. 속전속결로 진행됐던 경부고속도로 건설 과정을 당시 서울시 도시계획국장이었던 손정목 전 서울시립대 교수는 이렇게 전합니다.

손정목(전 서울시립대 교수) 강남 개발의 기반이 된 경부고속도로의 건설은 박정희 전 대통령의 머리에서 나온 것이었습니다. 서독의 고속도로를 체험하고 온 박정희 대통령 개인의 구상이자 대선 공약이었어요. 그러나 고속도로가 어떤 것이고 건설에 얼마나 시간과 돈이 드는지는 솔직히 대통령도 잘 모르고, 정부도 서울시도 건설사도 몰랐습니다. 그래서 막상 짓는데 허술하게 속도전으로 만들다보니 수리비가 더 나왔지요.

버스를 타고 고속도로를 바람처럼 달려가자
파도 소리가 들려오는 정다운 그 거리로
뛰뛰뛰뛰 뛰뛰빵빵 뛰뛰뛰뛰 뛰뛰빵빵

가슴 쓰라린 어제 일들은 깨끗하게 잊어야지

찌푸린 얼굴 주름살 펴고 크게 한번 웃어보자

뛰뛰뛰뛰 뛰뛰빵빵 뛰뛰뛰뛰 뛰뛰빵빵

혜은이 〈뛰뛰빵빵〉 (길옥윤 작사·작곡, 1977)

1970년 경부고속도로 개통. 이건 '전국 일일생활권'이란 용어를 탄생시킨 사건이었지요. 동시에 경부고속도로가 지나가는 강남 개발을 촉진시킨 서울 역사의 분기점이기도 했습니다.

손정목(전 서울시립대 교수) 강남 개발은 경부고속도로 건설 때문에 가능했습니다. 돈 없이 고속도로를 놓아야 하니까, 구획 정리 과정에서 국민들에게 땅을 사실상 빼앗다시피 해서 기부 받고, 고속도로 때문에 오른 땅값으로 강남 개발의 공사비를 충당한 것이었습니다.

경부고속도로 개통은 우리의 생활 모습까지 바꾸는 계기가 되었다

강남 개발은 이렇게 안보 위협이라는 배경과 경부고속도로 건설이라는 계기가 맞물려 이뤄졌습니다. 바로 '영동'이라는 새로운 이름으로 말이죠.

대한민국의 교육열이 없었다면…

밤비 내리는 영동교를 홀로 걷는 이 마음

그 사람은 모를 거야 모르실 거야

비에 젖어 슬픔에 젖어 눈물에 젖어

하염없이 걷고 있네 밤비 내리는 영동교

잊어야지 하면서도 못 잊는 것은

미련 미련 때문인가 봐

주현미 〈비 내리는 영동교〉 (정은이 작사, 남국인 작곡, 1985)

1973년 영동대교가 준공됐습니다. '영동 지구' 개발은 더욱 가속화되었습니다. 그때 한남대교 남쪽 지역을 '영동'이라고 불렀죠. 강남 개발도 영동 개발이라고 불렀고, 처음 지은 공무원 아파트 이름도 '영동공무원아파트'였습니다. 강남구에는 행정구역상 '영동'이란 동은 없습니다. 그럼 왜 '영동'이라 불렀을까요?

박희(서울향토사학자) 강남은 그때만 해도 서울 근교의 채소밭이었어요. 한강 남쪽을 관리하던 구는 영등포구였고, 당시 한강 이남에서 개발된 곳은 영등포뿐이었으니까, 지금의 강남은 당시에는 그저 '영등포의 동쪽'로만 인식될 만큼 허허벌판 채소밭이었던 겁니다. 강남에 붙였던 이름인 영동이라는 말은 바로 '영등포의 동쪽'이라는 뜻으로 붙인 지명인 거죠.

아, 그러니까 동녘 동(東)자 영동(永東). 당시 강남이 허허벌판이었으니 강남은 그저 '번화한 영등포의 동쪽 지역' 정도로만 인식됐던 거네요. 이렇게 '영동'이 개발되고 아파트가 들어서기 시작했지만 처음에는 별로 인기가 없었다고 합니다. 왜일까요?

안창모(경기대 교수) 초창기 강남에는 아파트와 그 주변 몇 개 상가 말고는 아무 것도 없었단 말이에요. 강남에 이사 간 사람들이 아무런 기반시설이 없고 출퇴근도 불편하니 강북으로 되돌아왔습니다. 그래서 쓴 방법이 사대문 안에 있던 명문 고등학교를 이주시키는 것이었습니다. 대표적인 것이 경기고, 휘문고, 서울고지요. 바로 이게 8학군이 성립되는 계기가 된 것이고. 그러면서 자연스럽게 학부모들이 따라갔죠. 이렇게 강북 투자를 최대한 억제하고 강남에 몰아주는 정책이 1980년대 내내 이뤄지게 됩니다. 그리고 압구정동 현대아파트 특혜 분양 사건에서 보듯 부유층을 의도적으로 이주시키는 정책이 따라옵니다.

이렇게 강남의 새로운 역사가 시작됩니다. 안창모 교수의 말처럼,

최고의 명문 고등학교와 부유층을 옮겨 놓아 강남을 하나의 특구와 같이 만드는 정책이 주효했던 거죠.

> (현수가, 사랑하는 은주에게 들려주기 위해 연습한 〈이루어질 수 없는
> 사랑〉을, 어설픈 기타 반주와 함께 노래하고 있다.)
> 너의 침묵에 메마른 나의 입술
> 차가운 네 눈길에 얼어붙은 내 발자욱
> 돌아서는 나에게 사랑한단 말 대신에
> 안녕 안녕 목 메인 그 한마디
> 이루어질 수 없는 사랑이었기에
> 밤새워 하얀 길을 나 홀로 걸었었다
> 부드러운 네 모습은 지금은 어디에
> 가랑비야 내 얼굴을 더 세게 때려다오(하략)
> 영화 〈말죽거리잔혹사〉 (유하 감독, 2004) 중에서

1970년대 후반 고교 시절을 말죽거리에서 보낸 시인 유하가 감독한 영화 〈말죽거리잔혹사〉. 고교생 주인공 역의 현수(권상우 분)가 사랑하는 은주(한가인 분) 앞에서 진땀을 뻘뻘 흘리며 노래하는 장면입니다. 지금의 강남 양재역 주변의 말죽거리. 이곳의 땅값 상승 열풍은 혜택을 입은 이들에게는 말죽거리 '신화'였지만, 이것을 지켜보는 이들에게는 말죽거리 '잔혹사' 그 자체였습니다.

영등포의 동쪽에서
동경의 대상으로

땅 투기와 아파트 붐

그런데, 이런 땅 투기 열풍, 과연 일반 시민들만의 열기였을까요? 강남 개발 땅 투기에 정부도 예외는 아니었다는군요. 한양대 전우용 교수와 『부동산 계급사회』의 저자 손낙구 씨의 설명입니다.

전우용(한양대 교수) 한강변에 제방을 쌓고 도로를 만들었는데, 원래 있던 제방과 새로 쌓은 제방 사이에 침수가 안 되는 넓은 땅이 생긴 거예요. 그걸 불하해서 팔아버리니까 돈이 생기는 거죠. 아, 이게 장사가 되는구나. 강남 개발에 필요한 재원은 결국 좀 심하게 얘기하면 정부가 땅 투기를 해서 만들었다고 볼 수 있습니다.

손낙구(『부동산 계급사회』 저자) 그 과정에 당연히 정치 자금이 조성되고 검은 돈이 어마어마하게 흘러 들어가고 그게 군부정권의 정치 자금이 돼 왔죠. 그것이 강남 아파트의 건설 과정입니다.

민관이 따로 없이 땅 투기로 시작한 강남 개발은 이윽고 아파트 붐으로 이어집니다.

(미영, 어머니를 설득하고, 어머니는 늙고 병든 남편을 채근한다.)
"어머니, 이제 저희 아파트로 전부 합쳐요. 그럼 어머니가 이제 고생 안 하셔도 되니까요."
"여보 주무시우? 미영이가 이제 저희 아파트로 합치자고 하네요."
영화 〈O양의 아파트〉 (변장호 감독, 1978) 중에서

1978년 김자옥 씨가 주연을 했던 영화 〈O양의 아파트〉의 한 장면입니다. 영화에서 여대생이었지만 병든 아버지와 가난한 동생들을 위해 호스티스가 된 여주인공은 아파트에 삽니다. 그리고 과일과 케이크 등을 사들고 찾아간 산동네 집에서 엄마를 만나서 늘 그렇게 얘기하지요. "엄마, 빨리 아파트 사서 이사 시켜 드릴 게요." 대체 아파트가 뭐길래 이랬을까요?

안창모(경기대 교수) 아파트는 집합 주택입니다. 집합 주택은 탄생 자체가 원래 집단 주거로서 저소득 서민층을 위한 공공 주택인

거죠. 그래서 결국 슬럼화가 되는데, 우리나라는 아이러니하게도, 주택에 공공성이 없기 때문에 아파트는 '있는 사람'들의 주거이자 재산 증식 수단으로 자리 잡게 됐습니다. 그래서 아파트가 슬럼화가 안 됩니다. 1970년대까지 별로 안 좋았던 아파트 이미지를 특히 급반전시킨 것이 압구정동 현대아파트의 권력 부유층 특혜분양 사건이었습니다. 이게 터지자 아파트는 사회적으로 성공한 지도층이 선호하는 주거구나 하는 인식이 생기게 됐고, 중산층과 상류층의 고급 주거로 각인되게 됐지요.

연탄 때는 한옥에서 무거운 밥상 들고 부엌에서 안방으로 몇 번씩 오가야 했던 주부들은 깨끗하고 말끔한 고급 아파트를 꿈꾸기 시작했습니다.

하늘로 올라가는 부의 바벨탑, 아파트

별빛이 흐르는 다리를 건너 바람 부는 갈대숲을 지나
언제나 나를 언제나 나를 기다리던 너의 아파트
그리운 마음에 전화를 하면 아름다운 너의 목소리
언제나 내게 언제나 내게 속삭이던 너의 목소리
흘러가는 강물처럼, 흘러가는 구름처럼
머물지 못해 떠나가 버린 너를 못 잊어
오늘도 바보처럼 미련 때문에 다시 또 찾아왔지만

아무도 없는 아무도 없는 쓸쓸한 너의 아파트

윤수일 〈아파트〉 (윤수일 작사·작곡, 1982)

윤수일의 〈아파트〉입니다. 아직도 중년 남성분들은 노래방에서 이 노래를 소리소리 지르며 불러야 2차를 간 맛이 난다고 하시는 분, 아주 많습니다. 야구장 많이 다니시는 분들은 정말 이 노래를 수백 번 불러보셨을 겁니다. 그런데 왜 하필 '별빛이 흐르는 다리를 건너 바람 부는 갈대숲을 지나' '그녀의 아파트'가 있는 걸까요?

이영미(대중예술평론가) 이 노래의 주인공은 강북에서 출발해서 강남으로 가고 있는 거예요. 한강 다리를 건너가고 있는 거죠. 저는 이 노래를 들으면 늘 잠실주공아파트 5단지가 떠올라요. 그 당시 잠실에서 처음 선 고층 아파트가 주공 5단지였거든요. 거기 가는 부근에 한강변 갈대숲은 쉽게 눈에 띕니다. 이 노래는, 1980년대 한강 건너에 있는 잠실 아파트촌의 리얼한 풍경이에요. 거기 매력적인 그녀가 살고 있다고 설정돼 있는 거고요. 그녀와 연애를 나눴던 곳, 그러나 이제는 나를 만나주지 않는 그녀를 하염없이 기다려야 하는 곳, 그러나 그렇게 노래에 나올 만큼 멋진 곳, 그곳이 바로 '한강 남쪽의 아파트'였던 거죠. 이 노래가 나온 1980년대 초 이미 아파트가 동경의 대상이자 사회문화적 현상으로 자리 잡았음을 이 노래는 정확하게 보여주고 있습니다.

그러네요. 대중예술평론가 이영미 씨의 분석처럼 새로 지은 아파트와 갈대숲, 그립지만 만날 수 없는 그녀가 사는 곳 강남. 이 노래는 정말 동경의 대상이었던 그 시대 강남 아파트를 둘러싼 현실을 담고 있습니다.

손낙구(『부동산 계급사회』 저자) 1980년대 넘어오면서 아파트는 단지 사람이 사는 집 이상의 의미를 갖게 됐습니다. 하늘로 올라가는 부의 바벨탑이자 부를 낳는 자산 증식 수단, 중산층 진입의 상징이 된 거죠. 아파트를 분양 받음으로써 중산층으로 올라선 사람들은 아파트 가격을 계속 올려줄 정당을 지지해주게 되고, 그런 정치적 거래가 이뤄지는 곳으로 강남이 탄생하게 된 것입니다.

서울 시민들은 모두 아파트 청약통장을 만들어 아파트 분양 광고를 기다렸고, 한강 북쪽 사는 사람은 한강 남쪽으로, 잠실 사는 사람은 신사동이나 압구정동, 서초동의 아파트로 옮겨가고 싶어 했습니다. 아파트 시세 차익으로 재산을 불리는 게 당연해지기 시작한 거죠. 손낙구 씨의 말처럼 강남의 아파트는 이제 집을 넘어서는 또 다른 의미를 갖게 된 겁니다.

코카콜라 한 병 압구정동 현대아파트 7동 몇 호실로 배달되더니
코카콜라 두 병 헬스클럽 우리 사모님 목구멍에 아사달달 넘어가더니
에야디야 기분이 나네 살기 좋은 이 세상에 잘 태어났네

코카콜라 한 병 야근하는 우리 누나 졸린 눈을 억지로 깨우더니

코카콜라 두 병 시골장터 장돌뱅이들 살랑살랑 황홀하게 꼬시더니

에야디야 기분이 나네

내 주머니 쌀 한 되 값 다 털어갔네

내 주머니 쌀 한 되 값 다 털어갔네

안치환 〈코카콜라〉 (곽재구 작시, 김제섭 작곡, 노래모임 '새벽' 노래로 1985)

안치환의 〈코카콜라〉. 곽재구 시인의 시 「송지장터」를 노래로 만든 건데요. 1980년대에 이 시인은 해남의 '송지장터' 그 고향의 푸근함과 가장 대비되는 장소로, 당시 급부상한 신흥 부촌 '압구정동 현대아파트'를 꼽았습니다.

1980년대 들어 어느새 압구정동 현대아파트는 부의 상징이 됐고, 강남은 돈이 뭉텅이로 움직이는 곳이 됐습니다.

돈, 부동산, 투기, 그리고 욕망

희미한 불빛 사이로 마주치는 그 눈길 피할 수 없어

나도 몰래 사랑을 느끼며 만났던 그 사람

행여 오늘도 다시 만날까 그날 밤 그 자리에 기다리는데

그 사람 오지 않고 나를 울리네 시간은 자정 넘어 새벽으로 가는데

아 그날 밤 만났던 사람 나를 잊으셨나봐

주현미 〈신사동 그 사람〉 (정은이 작사, 남국인 작곡, 1988)

희미한 불빛 사이로 눈빛이 마주쳤던 남자를, 이름도 모르는 남자를, 그 다음날 밤에 자정 너머 새벽까지 기다린다? 이쯤 되면 요즘 애들 말로 '19금' 상상을 할 만합니다. 돈이 모이는 강남에 번성했던 성인 유흥 문화는 노래 안에 그렇게 녹아듭니다. 음악평론가 임진모 씨의 얘기입니다.

임진모(음악평론가) 강남이 개발이 되면서 젊음의 유흥가가 아닌 성인 유흥가가 번창했죠. 나이트, 룸살롱, 스탠드바 이런 데가 하루에도 몇 개씩 생겨났고, 정말 불야성을 이뤘죠. 거기 간장게장 먹는다고 다들 놀러간 거 아니에요. 거기 노래가 따라올 수밖에 없는데, 성인이라는 이유 때문에 성인 유흥 문화였기 때문에 그때 트로트가 한마디로 창궐하게 되죠. 그때 스타가 주현미, 현철, 문희옥. (노래로) 여기는 남서울 영동 사랑의 거리…

여기는 남서울 영동 사랑의 거리
사계절 모두 봄봄봄 웃음꽃이 피니까
외롭거나 쓸쓸할 때는 누구라도 한번쯤은 찾아오세요
아아 여기는 사랑을 꽃피우는 남서울 영동
사랑의 거리
문희옥 〈사랑의 거리〉 (정은이 작사, 남국인 작곡, 1989)

영동이 사랑의 거리랍니다. '사랑의 거리'라고 예쁜 말로 표현했지만, 외로운 분들은 언제든지 오시라는 가사를 보아하니 역시 '19금' 영역입니다.

임진모(음악평론가) 강남이라는 곳은 인위적 개발에 의해 성장을 재촉하고 압축적으로 표현한 곳이었기 때문에 굉장히 노래들이 활기찰 수밖에 없었어요. 트로트라도 밝은 장조 노래였죠. 주현미, 현철의 트로트들이 다 장조에, 밝았어요. 그게 뭐냐, 강남은 한마디로 성장 중이라는 거거든요.

돈이란 게 그런 것 같아요. 너무 한꺼번에 많은 돈을 벌고 잃고 하면, 돈에 깃든 인간의 느낌이 좀 사라진다고나 할까요? 하여튼 부동산 폭등으로 시작된 이 강남이란 공간은 뭔가 삶의 의미나 역사의 무게감, 이런 생각과는 거리가 먼 곳, 그냥 '지금 이 순간'의 물질의 크기, 육체의 감각 같은 날 것 그 자체의 욕망들만 펄펄 날아다니는 곳으로 인식되기 시작했습니다.

> 너를 보면 나는 잠이 와 잠이 오면 나는 잠을 자
> 자면서 너에게 편지를 써 자면서 나는 사랑을 해
> 너를 보면 나는 잠이 와 (이상하다 그치?)
> 잠이 오면 나는 잠을 자 (이상하다 그치?)
> 자면서 너에게 편지를 써 (참 이상하다 그치?)
> 자면서 나는 사랑을 해 (정말 이상하다 그치?)

창밖에 잠수교가 보인다 보여

창밖에 잠수교가 보인다 보여 (하략)

박영민 〈창밖에 잠수교가 보인다〉 (김창완 작사·작곡, 1985)

1980년대 〈엘리베이터 올라타기〉라는 영화에 주제가로 만들어진 노래입니다. 그룹 산울림의 맏형 김창완 씨가 음악을 맡았죠. (노래의 한 부분을 흉내 내며) '이상하다 그치?' 정말 김창완 씨답게 이상하고 기발한 노래예요.

제목이 참 재미있죠? 〈엘리베이터 올라타기〉 예전에는 계단을 하나하나 밟아야 옥상까지 올라갈 수 있었는데, 이때부터는 엘리베이터로 쭈우욱 단숨에 꼭대기로 올라가는 게 자랑이 되는 시대가 됐습니다. 빠른 상승이 가능한 곳이라면, 빠른 추락도 많아지는 곳이지요. 어느 곳이든 빛과 그늘은 함께 있으니까요. 정부가 주도한 강남 개발은 화려하게 짜여진 계획 도시이자 아파트와 향락 산업, 8학군으로 이미지가 고착된 강남이라는 거대한 지역을 탄생시킨 셈입니다. 1970, 80년대까지 이 흐름은 완성됩니다.

신세대라면
압구정동에 가야 한다

압구정동이라는 상징

이제 우리는 1990년대 압구정동으로 걸어가 봅니다. 강남 신도시의 나이도 이제 스무 살이 넘었습니다.

아주 먼 옛날 옛적 당신들이 생각하던 세상이 아니다
아차 하는 사이에도 길모퉁이 한 곳에는 빌딩들이 들어선다
여자들의 옷차림은 계절 따라 뒤바뀌고 남자들의 머리칼은
길어졌다 짧아진다
점점, 더, 빨리빨리, 이것이 천구백구십년이다
과연 왜 이게 뭘까 지금 무얼 하고 있나 생각을 하지 마라
앞뒤를 이리저리 재다간 평생 촌티를 벗어날 수 없다

요즘 젊은 애들은 정말 알 수 없다고 말을 하지만

이미 먼 옛날 옛적 당신들이 생각하던 세상은 갔다

상투 틀던 머리 위에 무스를 머리에서 발끝까지 상표를

변하는 건 세상인가 사람인가 너무 빨라 현기증이 나누나

넥스트 〈코메리칸 블루스〉 (신해철 작사·작곡, 1993)

1991년 젊은 시인 유하는 『바람부는 날이면 압구정동에 가야 한다』라는 시집으로 주목받았습니다. 93년 이 시인은 같은 제목의 영화를 만들었죠. 최민수 씨와 엄정화 씨가 주인공으로 나왔고, 신해철 씨가 음악을 맡았습니다. 지금 이 노래는 영화에 나왔던 〈코메리칸 블루스〉예요.

〈바람부는 날이면 압구정동에 가야 한다〉 영화 포스터

〈바람부는 날이면 압구정동에 가야 한다〉라는 제목의 시와 영화
가 나올 즈음, '압구정동'은 단순한 부촌이 아닌 신세대 향락 문화
의 상징이 됐습니다. 90년대 초 압구정동이 이런 식으로 부각된 이
유가 뭘까요? 한국예술종합학교 이동연 교수는 이렇게 설명합니다.

이동연(한국예술종합학교 교수) 이때는 현실사회주의가 붕괴되면
서 소비자본주의가 일어나는 시점이었죠. 경제가 굉장히 풍요
로웠던 시기였습니다. 강남에 정착한 2세대들이 1980년대 말 여
행 자유화와 유학 열풍의 수혜를 입은 뒤 귀국해서 20대 초중반
이 된 시점이 1990년대 초였던 거죠. 이들은 여행과 유학으로 얻
은 미국의 소비적 라이프 스타일을 압구정동을 통해서 구현하려
했습니다. 그러면서 압구정동이라는 새로운 소비 자본의 공간이
탄생했는데, 이때 압구정동은 지리적 공간이 아닌 상징적 공간
이 됩니다. 압구정 오렌지족이 뜬 것도 이때였고요.

구두 굽 높이만큼 솟아 있는 자존심
이만하면 킹카라고 내 자신은 생각한다
쇼윈도엔 항상 내 얼굴이 비추고 있어
마주 걷는 여자의 악세사리는 무언의 눈싸움
거리엔 모두 텅 빈 눈으로 오만한 미소를 짓는 공주뿐이야
내용 없는 자존심 값싼 유행을 따르는 건
결코 진실은 될 수 없잖아 (하략)

신성우 〈Rock'n Roll + 압구정동, 공주병〉 (신성우·이근상·이근형 작사·작곡, 1993)

신성우가 부른 〈Rock'n Roll+압구정동, 공주병〉. 제목도 복잡하고 화려한 노래입니다. 압구정동에 가면 거리를 걷는 것을 마치 무대 위 쇼윈도처럼 걷는 공주병 여자들이 있다는 노래죠.

> 압구정 4번 출구로 다 모여라 압구정 4번 출구로 다 모여라
> 모두 다 똑같은 얼굴 모두 다 비슷한 얼굴
> 압구정 4번 출구로 다 모여라
> 진짜 같은 가짜를 원해 진짜다운 진짜를 원해
> 겉으로 빛나면 뭐해 속은 텅 비어 있는데
> 난 니가 좀 더 솔직해지길 원해
> 그래 너 저는 코만 살짝 바로 너 저는 눈만 살짝 찍었어요
> 바로 너 턱이랑 이마도 바로 너 저기 그게 아니구요 그래 너
> 바이브 〈압구정 4번 출구〉 (류재현·민연재 작사, 류재현 작곡, 2013)

남에게 뭔가를 보이기 위해 압구정동을 걸어 다니는 사람들, 그 과시적인 세태를 비판하는 노래들이 속속 등장합니다. 신세대 향락 문화를 비판하는 소리들은 노래를 넘어 시와 영화, 책으로까지 번져갑니다.

대중가요 주류의 근거지, 강남

확실히 이 시대의 압구정은 특정 지역을 넘어선 기호이고 아이콘이 되었습니다. 신세대 유행 문화의 아지트가 된 압구정. 강남 유흥 문화의 중심은 이렇게 1980년대 신사역 주변의 직장인에서 90년대에 들어와 강남역과 압구정역 주변의 신세대로 바뀌었습니다. 강남 유흥의 주인공이 달라졌으니 강남이 낳은 음악의 장르도 달라지겠죠.

난 너를 믿었던 만큼 난 내 친구도 믿었기에
난 아무런 부담 없이 널 내 친구에게 소개 시켜줬고
그런 만남이 있은 후로부터 우리는 자주 함께 만나며
즐거운 시간을 보내며 함께 어울렸던 것뿐인데
그런 만남이 어디부터 잘못됐는지
난 알 수 없는 예감에 조금씩 빠져들고 있을 때쯤
넌 나보다 내 친구에게 관심을 더 보이며
날 조금씩 멀리하던 그 어느 날
너와 내가 심하게 다툰 그날 이후로
너와 내 친구는 연락도 없고 날 피하는 것 같아
그제서야 난 느낀 거야 모든 것이 잘못돼 있는 걸
너와 내 친구는 어느새 다정한 연인이 돼있었지

김건모 〈잘못된 만남〉 (김창환 작사·작곡, 1994)

44

강남역 나이트클럽의 디제이들이 가요 음반 작곡자와 프로듀서로 나서면서 1990년대를 풍미한 인기 댄스곡들을 만들어냅니다. 90년대 댄스 가요의 전성기의 한 축이 여기서 만들어집니다. 〈잘못된 만남〉을 포함해서 공전의 히트를 한 김건모 3집의 노래 대부분을 작곡한 김창환 씨도 강남역 나이트클럽 디제이 출신 중 한 명이죠.

신현준(성공회대 교수) 1990년대 댄스가요의 마이다스 손 같은 분들, 그러니까 김건모, 클론 등 앨범 작곡과 프로듀서인 김창환, Ref의 최민혁, 철이와 미애의 신철 등이 강남 나이트클럽 디제이 출신이죠. 왜 다 강남 나이트클럽이었는가 하면, 당연히 강남에 돈이 몰리고 강남 나이트클럽이 가장 '핫(hot)한 곳' 속된 말로 '물 좋은 곳'이 되면서 음악적으로도 트렌드를 앞서가는 곳이 됐기 때문이죠. 사람들을 춤추게 하기 위해선 어떻게 해야 할지 알게 됐던 거예요.

그리고 이제 대형 기획사와 아이돌의 시대가 강남에서 화려한 꽃을 피웁니다.

사실은 오늘 너와의 만남을 정리하고 싶어
널 만날 거야 이런 날 이해해
어렵게 맘 정한 거라 네게 말할 거지만
사실 오늘 아침에 그냥 나 생각한 거야

햇살에 일어나 보니 너무나 눈부셔

모든 게 다 변한 거야 널 향한 마음도

그렇지만 널 사랑 않는 게 아냐 이제는 나를 변화시킬 테니까

H.O.T. 〈캔디〉 (장용진 작사·작곡, 1996)

신현준(성공회대 교수) 1990년대 이후에는 압구정동, 청담동으로
문화의 중심이 이동하고, 그곳에서 나온 댄스음악이 문화의 주
류로 부상하면서 주류 엔터테인먼트사도 이곳에 자리 잡았습니
다. 주류 엔터테인먼트와 관련된 시설들도 이곳에 집결했고, 아
이돌을 키워내기 위한 디자이너 숍이나 성형외과 등도 주변에

1990년 이후에는 강
남 일대로 문화의 중
심이 이동해 갔다

포진하게 되었죠. 이렇게 연예인과 연예인 지망생들이 강남으로 모이면서 강남은 주류 가요의 메카로 부상했습니다.

문화의 주류가 되면서 대중가요에도 새로운 흐름을 만들어온 강남은, 한없는 동경의 대상이면서도 또 한편으론 낯선 비판의 대상으로, 1990년대 최고의 '핫 플레이스'가 됩니다.

강남 키드들이 살아가는 곳

하지만 강남에 대한 시각에도 변화가 옵니다. 강남이란 이름에 끼어 있는 거품이 가시고 그냥 누군가 살아가는 공간으로 노래에 드러나기 시작한 거죠. IMF를 지나 2000년대에 들어선 때였습니다.

넓은 강남대로 어느 날씨 화창한 날 그래요 kick and goal 리는 대로 신사동 사거리 제일 넓은 사거리 My power 레코드 강남역 사거리 차 many many 막혀 길어지는 신호 대기 정통 힙합 음악에 끄덕이며 뒤돌아보는데 Yo! Uh! 숨 멎어 버려 종이와 펜을 어여 빨리줘 봐 Hurry up! S.E.O.U.L. 51로 Main 번호가 8.2.7. No 두말하면 마릴린 먼로 그녀와 이제 2.4.7. No I'm ready to go here we go Hit'm hi ho I feel me flow Hiphop 음악에 링딩동 (하략)

양동근 〈구리뱅뱅〉 (양동근·1kyne 작사, 이제이 작곡, 2001)

양동근의 〈구리뱅뱅〉. 2001년에 나온 노래입니다. 강남대로, 강남역 사거리, 뱅뱅사거리 같은 곳이 바로 떠오르는 노래입니다. 힙합 스타일로 덜렁거리는 양동근의 이미지를 일컬어 어느 평론가는 '뒷구정동'에서 노는 애들 이미지라고 하더라고요. 〈구리뱅뱅〉에서는 강남을 비판하고자 하는 의도가 두드러지지는 않습니다. 그냥 강남에서 살아온 강남 키드의 경험, 욕망과 쾌락 그리고 혼란을 '구리구리'하면서 '뱅뱅 도는' 일상을 통해 솔직하게 표현하죠.

그래요, 강남에서 태어나 자란 사람들이 벌써 스무 살이 넘은 시기가 됐네요. 이런 사람들에게 강남은 그냥 자기 동네인 겁니다. 이들은 강남을 미화하지도 비판하지도 않습니다. 그냥 쿨하게 즐기면서 때로 우스꽝스럽게 보여주는 강남 키드들의 태도, 여기서 이 노래가 나옵니다.

오빠 강남스타일 강남스타일
낮에는 따사로운 인간적인 여자
커피 한잔의 여유를 아는 품격 있는 여자
밤이 오면 심장이 뜨거워지는 여자 그런 반전 있는 여자
나는 사나이 낮에는 너만큼 따사로운 그런 사나이
커피 식기도 전에 원샷 때리는 사나이
밤이 오면 심장이 터져버리는 사나이 그런 사나이 (하략)
싸이 〈강남 스타일〉 (싸이 작사·작곡, 2012)

덧칠하지 않은 강남의 민낯 속에 살아온 이들, 강남의 속살을 놀 듯이 그려내는 이들, 그 속에서 이 노래가 등장합니다. 문화평론가 경희대학교 이택광 교수는 〈강남스타일〉의 세계적인 신드롬의 비결이 이 노래의 뮤직비디오가 보여준 재밌고 우습게 비틀기, 이른바 '키치화'에 있다고 설명합니다.

이택광(경희대 교수) 2000년대에 강남은 부정할 수 없는 실체가 되고 강남을 생활 공간으로 보게 됩니다. 강남에 대한 태도가 비판성보다는 그냥 즐기면서 대중 관점에서 재밌게 비틀어 키치화 하는 방식으로 갑니다. 싸이의 뮤직비디오도 강남 문화를 긍정도 부정도 아니게 그리고 있죠. 고급 문화 이미지를 갖고 있는 강남 문화를 정작 그 안에 살아온 강남 키드가 보여주는 싼 춤과 우스꽝스러운 모습을 통해서 아무렇지 않게 표현합니다. 화끈하게 즐기는 모습도 쿨하게, 또 그것이 갖는 저속한 키치성도 솔직하게 드러내면서 웃음과 재미를 준 것이죠.

향수와 그리움의 공간,
강북

'중단 없는 전진'의 서울

자, 우리는 다시 강 건너편, 강북으로 왔습니다. 인위적으로 조성한 신시가지 강남이 땅 투기와 아파트에서 시작해서 인간의 욕망을 솔직하다 못해 노골적으로 드러내 보이고 경제 성장과 세계화의 성과가 가시화된 공간으로 자리 잡는 동안 강북은 어떻게 변화하고 있었을까요? 정부 수립부터 1980년까지 시간 여행을 속성으로 떠나보겠습니다.

(아나운서 해설) "1948년 5월 10일 남한 지역에서만 유엔 감시 하에 총선거가 실시돼 8월 15일 대한민국 정부 수립을 세계 만방에 선포했습니다."

〈대한뉴스〉 687호 (국립영화제작소, 1968.8.9.) 중에서

서울의 거리는 태양의 거리 태양의 거리에는 희망이 솟네

타이프 소리로 해가 저무는 빌딩가에서는 웃음이 솟네

너도 나도 부르자 희망의 노래 다 같이 부르자 서울의 노래

SEOUL SEOUL

럭키 서울

현인 〈럭키 서울〉 (유호 작사, 박시춘 작곡, 1949)

정부 수립 직후에 나온 현인의 〈럭키 서울〉입니다.

(아나운서 해설) "우리는 지금 중단 없는 전진으로 민족중흥을 이룩해야 할 사명의 시대에 접어들고 있습니다. 조국 근대화의 기틀을 마련한 1960년대의 성과를 발판으로 민족중흥을 향한 우리의 노력이 중단되지 않고 진행돼야 할 것입니다."

〈대한뉴스〉 809호 (국립영화제작소, 1971.1.1.) 중에서

종이 울리네 꽃이 피네 새들의 노래 웃는 그 얼굴

그리워라 내 사랑아 내 곁을 떠나지 마오

처음 만나고 사랑을 맺은 정다운 거리 마음의 거리

아름다운 서울에서 서울에서 살으렵니다

패티김 〈서울의 찬가〉 (길옥윤 작사·작곡, 1969)

1960년대 불도저 시장이라 불렸던 김현옥 시장의 부탁으로 만들어진 패티김의 〈서울의 찬가〉입니다.

(전두환 대통령 취임 선서) "선서. 나는 국헌을 준수하고 국가를 보위하며 국민의 자유와 복리의 증진에 노력하고 조국의 평화적 통일을 위하여 대통령으로서의 직책을 성실히 수행할 것을 국민 앞에 엄숙히 선서합니다. 1981년 3월 3일. 대통령 전두환."

(앵커) "대통령은 경제적 근대화를 완성해 민족 번영의 물질적 토대를 마련하고 정의사회 구현, 4대 국정지표를 뚜렷이 제시했습니다."

〈대한뉴스〉 1297호 (국립영화제작소, 1980.9.3.) 중에서

종로에는 사과나무를 심어보자
그길에서 꿈을 꾸며 걸어가리라
을지로에는 감나무를 심어보자
감이 익을 무렵 사랑도 익어가리라
아아아아 우리의 서울 우리의 서울
거리마다 푸른 꿈이 넘쳐흐르는
아름다운 서울을 사랑하리라

이용 〈우리의 서울〉 (이성만 작사, 이범희 작곡, 1982)

1980년대 초, 이용의 〈우리의 서울〉이었고요.

서울 서울 서울, 그곳은?

(노태우 대통령, 서울올림픽 개회 선언) "나는 제24회 근대 올림픽대회를 경축하면서 서울올림픽 대회를 개최하는 것을 선언합니다."
〈대한뉴스〉 1715호 (국립영화제작소, 1988. 9. 17.) 중에서

(아나운서 해설) "올림픽 역사상 최대의 축제로 기록되고 20세기의 경이적인 축제로 명명된 서울올림픽에 모아졌던 세계인의 함성과 박수는 지금도 그대로 들리고 있다."
문화영화 〈1988 서울의 축제〉 (국립영화제작소, 1989. 1. 1.) 중에서

해질 무렵 거리에 나가 차를 마시면
내 가슴에 아름다운 냇물이 흐르네
이별이란 헤어짐이 아니었구나
추억 속에서 다시 만나는 그대
베고니아 화분이 놓인 우체국 계단
어딘가에 엽서를 쓰던 그녀의 고운 손
그 언제쯤 나를 볼까 마음이 서두네
나의 사랑을 가져가 버린 그대
서울 서울 서울 아름다운 이 거리
서울 서울 서울 그리움이 남는 곳
서울 서울 서울 사랑으로 남으리

워 워 워 Never forget oh my lover Seoul

조용필 〈서울 서울 서울〉 (양인자 작사, 조용필 작곡, 1988)

아, 그런데 다소 의외입니다. 이전의 서울 노래들은 모두 활기차고 씩씩한 행진곡풍의 건전가요였는데, 조용필의 〈서울 서울 서울〉은 분위기가 사뭇 다르죠? 같은 건전가요인데도 부드러움과 그리운 감정이 드러난 것은 이 노래가 처음인데요. 이건 어떻게 봐야할까요?

이영미(대중예술평론가) 1980년대까지 서울을 다룬 건전가요들은 모두 서울의 구도심, 즉 강북, 종로, 광화문, 명동 같은 곳을 떠올리게 하죠. 조용필의 〈서울 서울 서울〉도 명동 입구인 서울중앙우체국 앞을 연상시킵니다. 그런데 1980년대 말, 강남이 성장하고 변화하게 바뀌고 있는 역동적인 공간인 데 비해서 서울의 구도심은 상대적으로 크게 변화하지 않는 곳이 됩니다. 강북과 연결된 건전가요가 씩씩한 노래로 '전진'을 노래하는 것으로 호소력을 발휘할 시대는 이미 지나가 버린 거예요. 오히려 강북 서울은 그리움의 공간, 푸근한 공간으로 그려내는 것이 훨씬 더 효과적이게 된 거죠. 이 〈서울 서울 서울〉이 건전가요임에도 아련한 향수의 느낌을 불러일으켜서 성공한 게 강북과 80년대 말의 느낌을 정확하게 뽑아냈기 때문이라고 봅니다. 갈수록 강북은 옛 고향으로 느껴지기 시작하는데 그걸 보여준 대표적인 노래가 〈서울 서울 서울〉과 같은 해에 나온 동물원의 〈혜화동〉입니다.

오늘은 잊고 지내던 친구에게서 전화가 왔네

내일이면 멀리 떠나간다고

어릴 적 함께 뛰놀던 골목길에서 만나자 하네

내일이면 아주 멀리 간다고

덜컹거리는 전철을 타고 찾아가는 그 길

우리는 얼마나 많은 것을 잊고 살아가는지

동물원 〈혜화동〉 (김창기 작사·작곡, 1988)

김창기(가수)　저희 부모님 세대는 지방에서 서울로 올라와 생활하면서 1960년대 베이비부머들이 생겨났죠. 저도 그중에 하나고요. 그리고 강남이 개발되니까 우르르 강남으로 가고, 저도 그때 강남으로 가서 살게 됐어요. 제게 혜화동은 어릴 적 자란 동네

아련한 향수를
불러일으키는
〈혜화, 동〉 영화
속 한 장면

〈혜화동〉이 수록된
동물원 2집 앨범 자켓

이기 때문에 마음속의 고향이죠. 시간이 지나서 다 다른 곳으로
흩어진 우리가 다시 혜화동에서 만나자는 거였어요. 우리는 많
이 변했지만 소박하고 건전했던 시절의 모습들을 만날 수 있는
곳, 우리 추억들이 다 있는 그곳에서 다시 만나서 마지막 이별을
하자는 노래가 〈혜화동〉이죠.

서울내기들의 고향, 강북

흔히 서울내기들한테는 고향이 없다고들 하죠. 하지만 아닌 거
같아요, 이런 노래를 들으면. 혜화동은 이들에게 '옛 고향'입니다.
한동준의 〈내 고향 삼선교〉는 아예 제목에서부터 그렇게 얘기하고
있네요.

내 어릴 적 살던 동네엔

작은 돌산 하나 있어 너무 좋았지

그곳에선 좋은 사람들

매일 저녁 함께 모여 얘길 나눴지

기억하는지 그 많은 추억들

잊고 싶지도 잊고 싶지도 않아

그 시절 너무 그리워

사랑했던 친구들 모두 어디 있을까 (하략)

한동준 〈내 고향 삼선교〉 (한동준 작사·작곡, 2003)

한동준(가수) 제가 삼선교 살 때 그 동네가 저한테 준 게 참 많더라고요. 그 동네의 사람, 자연환경, 목련, 향나무 그리고 그 앞에 화초…. 저는 특히 목련이 생각나요. 봄에 목련이 활짝 피면 마루에 앉아서 쉬지도 않고 초등학교 노래 책을 펴놓고 정말 그야말로 하루 종일 노래했어요. 그때 그런 감성이 저를 가수로 만든 거 같아요.

삼선동도 아니고 '삼선교'예요. 옛날에는 다 그렇게 불렀죠. 가좌동이 아니라 모래내였고요. 아현동이라고 하기 전에 애오개라고 했고요. 김창기, 한동준, 이들은 집집마다 다르게 생긴 문짝과 문패가 있던 주택가 골목길을 기억하는 세대입니다. 이곳을 부르는 노래들이 어쿠스틱하고 향수 어린 분위기를 풍기는 이유입니다.

서울의 두 얼굴,
강남과 강북

광장, 그곳은 강북

(상략) 더 이상 더 이상 더는 누구를 위한다고는 말하지마

더 이상 더 이상 더는

이제 그만 이제 그만 stop the war

강산에 〈더 이상 더는〉 (강산에·한경혜 작사, 김정욱 작곡, 1994)

아리랑 아리랑 아라리요

아리랑 고개로 넘어간다

나를 버리고 가시는 님은

십리도 못가서 발병난다

윤도현밴드 〈아리랑〉 (2006)

여기가 어딜까요? 시청 앞 광화문 네거리입니다. 여기도 강북입니다. 다시 이영미 씨 이야기 들어보죠.

이영미(대중예술평론가) 이미 서울의 최고 번화가가 강남이 되어 버렸는데도 사람들은 참 희한하게 공공적 성격의 모임을 가지려면 늘 강북으로 옵니다. 광화문 광장, 시청 앞 광장, 혹은 대학로에 모이죠. 강남 사람들도 '서울 시민'이나 '대한민국 국민'으로서 무언가 발언하려면 강북에 옵니다. 강남에 있는 서울교대 대학생들도, 집회는 강 건너 대학로에서 합니다. 그런데 반면, 연예인 기획사는 기를 쓰고 청담동에 사무실을 얻어요. 정작 방송국이 있는 여의도나 일산하고는 거리가 꽤 먼데도 말이죠. 건축가들도 비즈니스 빌딩 같은 건물을 많이 설계하는 사람들은 강남에 사무실을 냅니다. 그런데 극단이나 무용단 같은 공연단체, 혹은 작가적이라고 평가받는 건축가들은 인사동이나 동숭동, 안국동, 평창동 부근에 사무실을 얻어요. 말하자면, 강북과 강남이 서로 상반된 가치를 나누어 가지는 것으로 의미화 돼있고, 그게 사람들의 행동에 영향을 미치고 있는 거죠.

강북, 쫄지 마!

최첨단의 개발 도시 강남, 역사가 있는 소울 시티 강북, 두 지역의 서로 다른 결은 그 안에 사는 사람들의 다른 감성을 만들어냅

서울 시청광장
일제 강점기 때
부터 쓰였던 구
청사 건물 뒤로
현대적 디자인
의 신 청사 건물
이 세워졌다

니다. 그렇다면 강북에 사는 젊은이들이 강남을 바라보는 심정은
어떨까요?

강을 건너보니 여긴 딴 세상이야

만만한 사람 많아 적을 볼 수가 없어

이 동네 분위기도 정말 장난 아닐 걸

모두 다 똑같은 얼굴 똑같은 메이커야 그게 뭐야

여기 저기 둘러봐도 내가 제일 약해 보이네 (하략)

왁스 〈강북에 산다〉 (왁스 작사, 노성오 작곡, 2001)

왁스의 〈강북에 산다〉를 들어보니, 여전히 강남에 대해 편치 않습니다. 한 곡 더 들어보시죠. DJ DOC 〈메리 크리스마스〉입니다.

(상략) 우리 집은 화양리 난 메리 크리스마스 되면

화양리에도 눈이 내릴까 모두 궁금해

남들이 날 무시해 화양리에 산다고

하지만 난 보여주겠어

우리 동네에도 크리스마스가 왔다는 걸

산타 할아버지랑 손잡고 압구정동으로

1999년 올겨울 우린 따뜻하게 보내고 있지 (하략)

DJ DOC 〈메리 크리스마스〉 (이하늘·엑스틴·허니패밀리 작사, 이하늘 작곡, 2000)

DJ DOC, 이 악동 같은 친구들이 이런 얘기에 빠질 리가 없죠. 크리스마스에 눈이 내리면, 압구정동만 내리겠습니까? 자기네 사는 화양리에도 내린답니다. "쫄지마!" 그러고 사는 거죠.

강남의 가난한 사람들

하지만 강남 사는 사람들이라고 다 부자겠습니까? 누구 말대로 압구정동 있으면 뒷구정동도 있는 법이지요. 압구정 김밥이라고 많이들 들어보셨죠? 이것이 생긴 배경에 대해 경희대 이택광 교수는 이렇게 설명합니다.

이택광(경희대 교수) 압구정 김밥은 압구정동이 부유층을 위해 일하는 서민층 상인들 역시 아주 많이 사는 지역임을 보여주는 사례입니다. 압구정동에 서민층 상인들을 위한 숙소인 고시원이 많이 자리 잡은 것도 그 때문이고요. 이들의 주된 식사 거리가 김밥과 분식이거든요. 압구정 김밥은 그런 배경에서 탄생한 것입니다. 즉 압구정 김밥은 압구정과 관련 없는 고급 이미지의 차용이 아닌, 압구정이 지닌 이중성을 드러내는 스토리를 지닌 메뉴인 거죠.

이런 압구정동의 다른 모습을 포착한 가수가 바로 정태춘입니다. 동호대교 위에서 압구정동을 바라보며, 그 화려한 아파트촌 바로 밑 한강변 둔치에 나와 일당 얼마 벌이로 취로 사업을 하는 가난한 노인들을 그려냅니다. 〈압구정은 어디〉입니다.

동호대교 위론 바다 갈매기가 날고
철로 위론 전철이 지나가고
강물 위로, 고요한 그 수면 위로
유람선이 휘 지나가고
강변도로 질주하는 자동차들
가파른 강둑 풀을 뽑는 할머니, 할아버지들
압구정은 어디, 압구정은 어디 (하략)
정태춘 〈압구정은 어디〉 (정태춘 작사·작곡, 2002)

압구정동을 이런 앵글로 잡아낸 노래, 참 흔치 않지요. 그래요.
앵글을 조금만 바꾸면 다른 것이 보입니다.

소울 시티 강북, 개발 도시 강남의 다양한 얼굴

하지만 이제 강남의 역사도 40년이 넘었습니다. 심지어 '강남 좌
파'란 말까지 나올 정도로 강남의 이미지는 다양한 스펙트럼을 지
닐 수 있게 된 거죠.

이택광(경희대 교수) 자기 자녀들을 미국 대학으로 보내는 것, 그
게 강남 중산층들이 선택했던 길입니다. 2000년대가 되면 그 자
녀들이 다 돌아옵니다. 미국 유학 세대들이 기성세대로 자리 잡
기 시작한 것이 2000년대 이후예요. 미국 대도시의 개방적이고
일부 진보적인 미국 청년 문화를 경험한 이들이 나름 미국적 가
치를 체현해서 강남에 다시 정착하면서 이들이 만들어내는 새로
운 문화의 가능성을 생각해볼 수 있게 된 거죠.

비 오는 압구정 골목길에서
그댈 기다리다가 나 혼자 술에 취한 밤
혹시나 그댈 마주칠까봐 두 시간 지나도록
마냥 기다리네. oh Rainy day
어쩌면 이젠 못 볼지도 몰라

일부러 니가 다시 날 찾기 전엔

oh rainy day Tonight

브라운아이즈 〈비 오는 압구정〉 (윤건 작사·작곡, 2007)

브라운아이즈의 〈비 오는 압구정〉입니다. 그래요. 압구정동에도 순정적인 사랑과 그리움이 있지요. 땅장사로 개발된 도시, 부박하고 영혼 없는 도시, 압구정동 오렌지족이나 신사동 룸살롱 말고, 이렇게 다양성이 존중되는 현대적이고 세련된 이미지가 될 수도 있는 거겠죠. 강남이 어떤 이미지의 도시로 발전할지, 어쩌면 지금 강남은 그 기로에 서 있는 것일는지도 모릅니다.

비가 내리는 삼청동 거리에서 혼자 비를 맞으며 말없이 널 그리고

불러도 참 대답 없는 너의 사진을 바라보면서 또 눈물이 흐르고

비가 내리는 삼청동 거리에서 혼자 비를 맞으며 말없이 널 그리고

불러도 참 대답 없는 너의 사진을 바라보다 다시 눈물만

양영호 〈비오는 삼청동〉 (양영호 작사·작곡, 2013)

'강북'도 달라지고 있습니다. 이제 더 이상 강북은 강남에 대해 부러움과 소외감을 느끼는 반사적 공간이 아닙니다.

그렇다고 '그리움과 추억'의 과거적 공간만도 아닌 곳, 그 자체의 새로운 매력을 가진 장소로 강북이 우리 마음에 자리 잡아가고 있습니다. 지금 흐르는 양영호의 〈비오는 삼청동〉에서 느껴지듯 말이죠.

우리 두 손 마주잡고 걷던 서울 하늘 동네

좁은 이화동 골목길 여긴 아직 그대로야

그늘 곁에 그림들은 다시 웃어 보여줬고

하늘 가까이 오르니 그대 모습이 떠올라

아름답게 눈이 부시던

그 해 오월 햇살

푸르게 빛나던 나뭇잎까지

혹시 잊어버렸었니

우리 함께 했던 날들 어떻게 잊겠니 (하략)

에피톤프로젝트·한희정 〈이화동〉 (에피톤프로젝트 작사·작곡, 2010)

　강남 못지않은 세련됨을 지니면서도 느리고 운치 있는 이미지를 스스로 채워가고 있는 서울 옛 강북 도심의 동네들. 그 분위기가 젊은 뮤지션들의 노래들에 담겨 흐릅니다. 지금 흐르는 곡은 에피톤 프로젝트와 한희정의 〈이화동〉이에요. 강남과 강북은 그렇게 각자의 결을 새롭게 찾아가고 있습니다.

　넓디넓은 한강은 도도히 흘러갑니다. 그 양 옆에서 터 잡고 살아온 강북과 강남의 삶도 그렇게 결을 달리해 흘러가고 있습니다. 한강이 머물지 않는 것처럼, 소울 시티 강북과 개발 도시 강남의 삶도, 그리고 그것을 담은 노래도, 이렇게 한 시대를 흘러가며 변화하고 있습니다.

2013 기획 특집 〈사운드 맵 음악으로 그린 서울 지도〉. 오늘은, 제1부 '한강, 노래를 가르다-강남과 강북' 편이었구요, 내일은 제2부, '청계천, 노래 사이로 흐르다-북촌 종로와 남촌 명동' 편을 보내드립니다. 지금까지 기획 취재에 이진성, 박재철, 구성에 이영미, 저는 노래하는 한영애였습니다.

문은 안과 밖을 이어주는 '통로'입니다. 동시에 문은 안과 밖을 막는 '벽'이기도 하죠. 열리면 '통로'가 되고 막히면 '벽'이 됩니다. 문에는 이렇게 두 겹의 의미가 있는 셈입니다.

그런가 하면 '문고리가 어느 쪽이냐'에 따라 또 다른 의미 겹이 생기기도 합니다. 문고리가 밖에 있으면 '감옥'이 되지만 문고리가 안에 있으면 '휴식처'가 됩니다.

문을 잠그느냐 혹은 문이 잠기느냐로 공간 안팎의 성격이 판이하게 달라집니다.

'제1부 한강, 노래를 가르다'를 마치면서 떠오른 단어는 야누스입니다. 야누스는 흔히 두 얼굴을 지닌 모습에 빗대어 이중적인 사람을 가리키지만 원래 로마신화에서는 문(門)의 수호신을 뜻합니다. 이 수호신은 문 양쪽에 문고리와 머리 문양이 있어 안팎의 구분이 안 되며 어느 쪽에서든 열리는 구조이지요.

한강은 서울을 나누는 문입니다. 눈치 채셨겠지만 그 문은 야누스의 문을 닮았습니다. 한강 이남에서 들어가는 문과 그 반대편인 강북에서 들어가는 문. 어느 방향으로 첫발을 내딛든 눈앞에 펼쳐지는 풍경은 분명 서울의 모습일 겁니다.

하지만 어느 한 방향의 풍경만이 서울의 진경(眞景)임을 주장할 수는 없겠지요. 다른 쪽 역시 마찬가지입니다. 그러니까 강남이든 강북이든 서울의 안과 밖은 따로 없습니다. 한강은 이렇듯 서울을 둘로 나뉘게 해 서로를 마주하게 하고, 때론 서로에게 등 돌리게 합니다. 그런 과정에서 노래는 강남과 강북의 밀착과 결별의 역사를 고스란히 담아냅니다.

노래 속에 암호처럼 감춰진 그 역사의 길항 과정을 하나 둘 발굴, 복원해보려 했는데 어땠는지요? 첫 장을 마친 지금, 잠시 숨을 고르고 되돌아봅니다.

앞에서 살펴보았듯이 집단적 제의나 정치적 의사 표현을 할 때 누가 시키지도 않았는데 사람들은 시청 앞 광장이나 대학로로 몰려들었습니다. 그곳의 거리에서는 언제나 뜨거운 민중가요가 집단적 무의식을 일깨웠고 시민들은 그 무의식에 동참하려고 기어코 강을 건너 강북으로 찾아왔습니다.

그러나 7~80년대 토지 개발과 고속도로 건설에 맞물려 돈과 사람이 계엄령 발동되듯 일순간 한곳으로 묶이게 되자 강북은 공터처럼 큰 빈자리를 자신의 영지에 덩그러니 남기게 되었죠. 그리고 그곳에는 어김없이 옛 정취와 향수를 떠올리게 하는 어쿠스틱한 노래들이 길 꽃이 피어나듯 그렇게 남몰래 생겨나 우리들의 허전한 마음을 달래주었습니다.

그런가 하면 강남역이나 신사동 가로수길, 압구정 등이 거점 역할을 하면서 강남은 어느새 연예 기획사들이나 비즈니스 빌딩 등 최첨단 경제 문화 산업체들이 자리를 잡았고 신생 도시의 활력과 향락이 고스란히 노래에 얹어지게 됩니다. 여기에 성인 트로트와 나이트클럽 댄스 음악이 그 시대의 능선을 타고 올라가면서 서서히 강남의 정서를 형성하게 되었죠.

도시는 그 안에 사는 사람들을 닮는다고 합니다. 그곳에서 움직이는 사람들의 에너지가 도시의 얼굴을 만드는 것이 아닌가 싶습니다.

그리고 도시의 얼굴은 고스란히 음악에 양각(陽刻)이 됩니다.

우리는 강남과 강북에서 빚어진 음악에서 그곳 사람들의 취향과 문화의 차이를 읽을 수 있었습니다. 취향과 문화는 분명 다르지만 결코 서열은 없다는 사실도 확인하게 됩니다.

영어에서 1월을 뜻하는 재뉴어리(January)는 '야누스의 달'을 뜻하는 라틴어 야누아리우스(Januarius)에서 유래한 것이라 하는데요. 1월이 시작의 의미라면 강남과 강북, 어느 쪽이든 그곳에서 태어난 음악을 듣는 것은 서울을 알아가는 하나의 시작점이 될 것 같습니다.

넓디넓은 한강은 도도히 흘러갑니다.
그 양 옆에 터 잡고 살아온 강북과 강남의 삶도
그렇게 결을 달리해 흘러가고 있습니다.

제2부

청계천,
노래 사이로 흐르다
- 북촌 종로와 남촌 명동

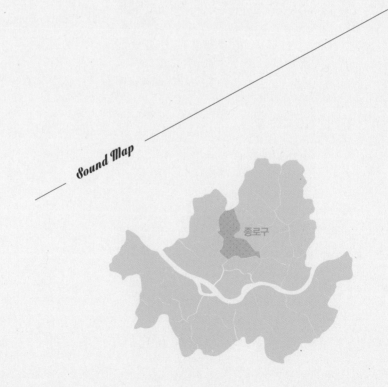

Sound Map

종로구

Sound Map

조선 시대 북촌은 궁궐 사이에 자리한 곳으로 풍수지리적으로도 뛰어나 권문세가들의 거주지였고, 음지인 남촌은 몰락한 양반들의 터전이었습니다. 그러나 일제 강점기에 들어서면서 이 구도는 완전히 역전됩니다. 명동이 식민지 상권 개발의 거점이자 일본인들의 거주지가 되면서 화려한 상점과 백화점, 고급 호텔이 들어서게 된 것입니다.

이렇게 근대 서울의 개발은 명동과 충무로 일대에서 시작됐고, 이후 명동은 서울의 최대 번화가를 형성합니다. 일제 강점기부터 현대에 이르기까지 명동을 중심으로 한 남촌의 화려한 풍경은 청계천 이북 종로의 경관과는 대조를 이룹니다.

남촌과 북촌의 비교는 음악을 통해서도 드러납니다. 명동은 1970년대까지 첨단의 트렌드를 선도한 음악 감상실, 생음악 살롱, 음악 카페 등이 가득했던 '유행 1번지'였습니다. 반면 종로는 학교들이 모여 있는 학생의 거리이자 좀 더 서민적인 장소였습니다. YMCA와 사대문 안의 교회들을 통해 수입된 포크 음악들이 이곳에서 성장했습니다. 1970년대 중반에 들어서면 젊음의 거리는 〈그건 너〉에서 나타나듯 명동에서 종로로 이동하는 경향을 보입니다.

1980년대에 학교와 유흥 문화가 강남으로 본격적으로 이전하고, 여의도의 방송 시대가 열리면서 이곳의 풍경은 달라집니다. 남촌과 북촌은 모두 '강북'으로 뭉뚱그려졌습니다.

그러나 신시가지로부터 밀려나고 밀려난 북촌은, 바로 그 이유로 팍팍한 현대인의 삶에 숨 쉴 여유를 만들어주고 있습니다.

시대 따라 뒤바뀐 풍경,
북촌과 남촌

종로구와 중구를 가르는 청계천

장소는 음악을 낳고, 또 그 음악 때문에 그 지역은 특정한 이미지를 사람들 머릿속에 심어 놓습니다. 음악은 스스로 지도를 그립니다.

요즘 청계천을 나가보면 연인이나 친구, 가족들과 산책 나온 사람들이 참 많습니다. 청계천에 대한 시민들의 얘기를 들어볼까요.

시민1 예전에 비해 청계천이 많이 달라진 걸 느낄 수 있어요.

시민2 그리고 요 주변에서 모든 걸 다 할 수 있잖아요. 대형 서점도 있고.

시민3 오기가 편해요. 지하철도 가깝고.

리포터 청계천 이쪽과 저쪽, 다리를 넘어가면 구(區)가 달라져요?

시민4 여기는 종로구고, 다리 건너가면 중구야.

안녕하세요. 총 4회로 진행해드리고 있는 2013 기획 특집 〈사운드 맵 음악으로 그린 서울 지도〉 그 두 번째 시간입니다. 오늘은 청계천 소리를 들으며 시작했습니다. 1부에서는 한강을 사이에 둔 강남과 강북 이야기를 노래와 함께 들려드렸는데요, 오늘 두 번째 날에는, 강북 한가운데를 흐르는 물, 청계천을 사이에 둔 북촌과 남촌 이야기를 들려드립니다. 제2부 '청계천, 노래 사이로 흐르다-북촌 종로와 남촌 명동' 편. 책 두어 권 옆에 끼고, 여유 있게 걷겠습니다. 출발하시죠.

김두한 대 하야시, 그 진실은?

강남이 배추밭, 뽕밭이던 40년 전, 그때까지 서울의 중심은 당연히 한강 북쪽, 그중에서도 사대문(四大門) 안이었습니다. 그런데 사대문 안에서는 어디가 가장 중심지였을까요? 명동? 종로?

일본인 니가 이쪽을 원했냐?
김두한 그렇다. 우미관은 종로의 심장이니까.
김두한 친구 두한아, 너는 종로의 자존심이야. 지면 안 돼! 저 놈은 쪽발이다. (김두한, 일본인과 맞붙어 싸운다.)
영화 〈장군의 아들〉(임권택 감독, 1990) 중에서

바람처럼 스쳐가는 정열과 낭만아

아직도 내겐 거친 꿈이 있어 세상 속에 남았지

기다리지 않는 세월 등 뒤로 하면서

달려온 이곳 외로운 도시를 나는 끌어안지

사랑도 명예도 중요하지 않아

미래와 소망을 위한 세상은 내게 필요해

나는 야인이 될 거야 어두운 세상 헤쳐가며

아무도 나를 위로하지 않아 꺼지지 않는 등불 되려 하네

나는 야인이 되겠어 거친 비바람 몰아쳐도

두렵지 않은 나의 뜨거운 가슴 그저 난 남자일 뿐이야

진정한 이 시대의 야인

강성 〈야인1〉 (박혜성 작사·작곡, 2002)

　종로의 김두한, 명동의 하야시가 팽팽하게 맞서는 장면이지요. 영화 〈장군의 아들〉의 전설적 대사를 드라마 〈야인시대〉 OST 중 강성의 〈야인1〉과 함께 들어봤습니다. 북촌 종로의 김두한과 남촌 명동의 하야시의 대결, 소설과 영화 〈장군의 아들〉에 이어 드라마 〈야인시대〉까지 이 구도는 이어졌습니다. 그런데 역사 속의 진실도 그랬을까요? 경기대 안창모 교수입니다.

안창모(경기대 교수)　종로를 대표하는 주먹패 김두한, 혼마치(本町)를 대표하는 주먹패로 하야시를 설정해놓고, 두 사람의 대결

영화 〈장군의 아들〉에는 일제 강점기 북촌 종로의 모습에 민족주의적 상상력이 덧칠되어 있다

구도에서 한인인 김두한이 이겼다고 하며 김두한을 띄우는 영화가 성공하면서 약간의 착시 현상이 생기게 돼요. 이런 구도를 만들어 놓을 때에 흔히, 하야시도 조선인이었다는 사실은 밝히지 않죠. 하야시는 남촌에서 장사를 하는 조선인 상인의 등을 치고 사는 주먹패였을 거고, 그래서 규모가 큰 북촌의 상인들에게서 돈을 거두어들이던 김두한보다 세가 작을 수밖에 없었다고 보입니다. 김두한을 하야시에 대립해서 종로를 지킨 민족주의자로 만든 것은 홍성유의 소설 『장군의 아들』부터입니다. 그건 소설적 형상화의 결과물이지, 역사적 사실이라고 보기는 힘들죠.

그렇군요. 그게 소설과 영화로 만들어진 일종의 신화였네요. 영화 〈장군의 아들〉에서 하야시, 그 키 크고 카리스마 넘치는 신현준에 맞서 키도 작고 나이도 어린 박상민이 당차게 대결하는 장면을 머릿속에 담아둔 사람에게는, 역사적 진실보다 그 장면이 더 선명하게 느껴지는데요. 이 허구적 대립 구도가 뭔가 그럴 듯했던 이유는 뭘까요?

전우용(한양대 교수) 종로 김두한과 혼마치 하야시의 대립 구도가 아주 의미 없는 것은 아니에요. 일제 강점기의 서울은 우리가 사는 지금의 서울과는 많이 달랐습니다. 그때는 서울에 조선인뿐 아니라 일본인도 많이 들어와 살고 있었고, 청계천을 경계로 남북으로 분리된 두 공간이 조선인과 일본인의 공간으로 나뉘어 있었습니다. 그러니까 일본인들이 사는 동네는 도로포장이라든가 주변 환경, 하다못해 변소 청소조차도 조선인 동네와 다를 정도로 차별이 있었던 거죠. 일제 강점기에 북촌 종로와 남촌 명동은 그만큼 아주 다른 공간이었습니다.

허생이 북촌으로 간 까닭은?

청계천 이북의 북촌과 청계천 이남의 남촌, 두 공간이 서로 다른 풍경을 그려낸 것은 언제부터였을까요? 그리고 왜 그런 차이가 나타났던 걸까요?

신병주(건국대 교수) 북촌 일대는 조선조 궁궐인 경복궁과 창덕궁 사이의 동네로, 배산임수(背山臨水)에 남향으로 풍수지리나 주거

환경으로 아주 좋은 곳이죠. 그러니 권세 있고 돈 많은 고관대작들의 거주지였어요. 하지만 남산 일대의 남촌은 북향으로 음지였고 진 땅이 많아 나막신을 많이 신고 다녀 나막신에서 나는 딸깍딸깍 소리 때문에 '남산골 딸깍발이'라는 말이 나올 만큼 지리적 조건이 북촌에 비해 안 좋았죠. 그래서 남촌은 정치 경제적으로 몰락한 벼슬 없는 가난한 양반들의 거주지였습니다.

남산골 샌님이란 말이 있죠. 여기서 샌님이란, 과거 1차 시험인 생원시를 통과한 생원님의 준말인데요. 1차 시험엔 합격했지만 최종 합격은 못해서 벼슬 없이 공부만 하던 가난한 샌님들, 이들이 남촌의 남산골에 모여 살아 나온 말이 남산골 샌님입니다. 연암 박지원의 그 유명한 소설 『허생전』에서 주인공 허생도 남산골 샌님이었죠.

신병주(건국대 교수) 『허생전』이라는 소설도 서울 지역 안의 경제력 차이를 보여줍니다. 남산골에 살던 허생이 돈 벌어오라는 아내의 등쌀에 못 이겨, 글공부 때려치우고 장사를 하러 나가요. 장사를 하려면 돈이 있어야 하는데, 돈을 누구한테 빌리겠습니까? 이때 청계천을 건너서 운종가(雲從街), 즉 지금의 종로로 나가 장안 최고 부자인 변 부자를 만나 지금 돈으로 4~5억 가량을 빌려 장사에 나서서 요즘 표현으로 하자면 '대박'을 칩니다. 허생이 남산골 남촌에서 청계천을 건너 북쪽 북촌을 향해 가는 그 장면이 결국 서울에서 북촌이 남촌보다 부유한 지역이었음을 잘 보여줍니다. 그런데 바로 이 구도가 일제가 우리나라를 빼앗은 후부터 반대로 역전되기 시작합니다.

일제 침략으로 화려해진 남촌

심순애 수일 씨, 용서해주세요.
이수일 용서가 다 무슨 소용이오. 대체 이번 일이 아버님과 어머님이 시키신 일인지, 아니면 순애 씨 자신도 깨닫고 한 일인지, 난 그것만 들으면 그만이오. (구슬픈 대금 연주)
영화극 음반 〈장한몽〉 (조선 초연初演 1913) 중에서

우리가 아직도 신파극의 대표작으로 기억하는 '이수일과 심순애' 이야기, 정식 제목으로는 〈장한몽〉입니다. 〈장한몽〉은 그 원작이 일본 신파극 〈곤지키야샤(金色夜叉)〉입니다.

대동강변 부벽루 하 산보하는
이수일과 심순애 양인이로다
악수논정 하는 것도 오늘뿐이요
보보행진 산보함도 오늘뿐이라
고복수·황금심 〈장한몽가〉 (작사 미상, 외국 곡, 김산색 노래로 1925)

양승국(서울대 교수) 남산 자락에 통감부가 위치해 있었죠. 남

산 북사면에서 청계천 남쪽까지가 일본 권력의 중심지가 되면서 1908년경 명동 충무로 쪽에 일본 극장들이 왕성하게 자리를 잡아요. 신파극 공연이 주를 이루면서 굉장히 인기가 많았죠. 이때 임성구라는 사람이 일본인 극장의 신발지기를 하면서 어깨 너머로 신파극을 배워서 1911년경에 본격적으로 변두리에 가서 신파극 공연을 하기 시작한 것이 바로 한국 신파극의 시작입니다.

일제 식민 권력의 거점이 북촌이 아닌 남촌이었고, 따라서 당시 공연 문화의 중심지도 명동과 충무로 등의 남촌이었다는 게 서울대 양승국 교수의 설명인데요. 남촌의 화려함 뒤에 횅뎅그렁하게 빈 듯하며 심지어 어둠침침하다고 당시 잡지에도 묘사됐던 북촌의 종로 네거리. 당시 노래에서는 종로가 어떻게 그려지고 있었을까요?

종로네거리에 해가 저물어 엿장사 영감님 지나가누나
가위 소리 딱딱딱딱 엿목판 메고 설렁설렁 다니는 늙은 엿장사
단쇠 단쇠 엿단쇠 단쇠 단쇠 엿단쇠 엿을 삽시오
은동아 복동아 자아 자 어서 자고 내일 만나자
윤심덕 〈자라메라〉 (작사 미상, 외국 곡, 1926)

1920년대 조선 최고의 소프라노로 1926년 〈사의 찬미〉를 취입한 후 현해탄에서 투신자살한 윤심덕의 〈자라메라〉라는 노래입니다. 종로는 전차가 지나던 조선의 대표 거리였지만, 이 노래에선 여전히

조선 시대 시전(市廛)에 어울릴 법한 모습, 엿장수 영감이 목판을 지고 다니는 다소 한가한 거리로 그려지고 있습니다.

엿장수 영감이 지나다니는 종로네거리에 비해 청계천 남쪽의 진고개, 그러니까 지금의 충무로인 본정(本町) 혼마치와 지금의 명동인 명치정(明治町) 메이지쵸는 일본인들이 자리 잡은 최고의 번화가로 거듭나고 있었습니다.

공윤배 강산아~ 혼마치 함 떠줄까? 그래, 함 가야지, 혼마치. 으이. (혼마치 술집 호객 여성들, 소리를 모아 손님들을 모은다.)

공윤배 아 행님요~ 하하~ 야… 이쁜이들이구나.

TV드라마 〈빠스껫볼〉 (곽정환 감독, 2013) 중에서

오빠는 트집쟁이야 뭐 오빠는 심술쟁이야 뭐

난 싫어 난 싫어 내 편지 남 몰래 보는 건 난 싫어

명치좌(明治座) 구경 갈 땐 혼자만 가구

심부름 시킬 때면 엄벙뗑 하구

오빠는 핑계쟁이 오빠는 안달쟁이 오빠는 트집쟁이야

박향림 〈오빠는 풍각쟁이〉 2절 (박영호 작사, 김송규 작곡, 1938)

이 아가씨, 오빠한테 단단히 화가 난 모양입니다. 박향림의 〈오빠는 풍각쟁이〉였어요. 심부름 시킬 때면 얼렁뚱땅 시키면서 명치좌에 좋은 프로 들어왔는데도 여동생을 떼어놓고 혼자만 구경을 가

니 화가 나지요. 1930년대 우리나라에서 가장 화려한 극장이었던 명치좌, 해방 후 국립극장으로 썼고 지금은 명동예술극장이 된 바로 그곳입니다.

정종화(한국영상자료원 선임연구원) 명치좌는 이른바 선만(鮮滿) 제1의 영화극장, 즉 조선과 만주를 통틀어 최고의 극장이었습니다. 조선 경성의 최고 흥행관으로 영화를 누렸고 관객의 사랑을 받았습니다. 일본 빅3 영화사가 주도한 남촌의 영화와 공연문화가 북촌 극장들을 압도하게 됩니다. 북촌의 극장들은 시설이 낙후되면서 인기를 잃어가게 되죠.

북촌과 남촌의 뒤바뀐 운명

한국영상자료원 정종화 연구원의 설명대로, 명치좌는 일왕(日王)의 호인 메이지 즉 명치(明治)를 따온, 가장 일본화 되고 화려한 극장이었고, 이는 북촌을 압도하는 남촌 혼마치의 화려함을 과시하는 상징과도 같았습니다. 자, 이렇게 조선 시대에는 초라했던 남촌이 일제 강점기에는 화려하고 새로운 시가지로 다시 태어났습니다. 왜 하필 이곳의 신세가 이렇듯 뒤집혔을까요?

안창모(경기대 교수) 청계천 북쪽인 북촌은 남사면(南斜面)이에요. 주거 조건이 좋으니 돈 있고 권력 있는 사람들이 살았어요. 남촌은 북사면으로 햇볕이 잘 안 드니까 당연히 그보다는 가난한 이들이 많이 살았죠. 그런데 일본인들이 들어와 어디 정착을 하느냐? 환경 좋은 데 살고 싶죠. 그런데 환경 좋은 북촌은 이미 돈 있고 힘 있는 사람들이 다 차지하고 있잖아요. 북촌에 살고 싶어도 땅값이 비싸서 진입해 들어가기 어려워요. 그러니 이 사람들 입장에서는 땅값 싼 남촌에 정착하는 게 상대적으로 쉬웠겠죠. 사실, 일본 사람들이 남촌에 자리를 잡은 것은 그곳이 별로 안 좋은 주거지였기 때문이에요. 일제 강점기에 일본이 국권을 강탈해갔어도 경성 한복판의 가장 쟁쟁한 조선인 동네에 함부로 자리를 잡고 들어오기는 힘드니까, 도성 안에서 상대적으로 값이 싼 남촌에 자리 잡고 그 주변 땅을 사들인 뒤에 그곳을 깨끗하게 정비하고 개발하기 시작한 거죠.

그러니 당연히 분위기도 달랐겠지요.

Benny Goodman 연주곡 〈Sing Sing Sing〉

김동식(인하대 교수) 남촌에 가면 조선과는 다른 세계, 조선에서 상상하기도 어려웠던 물품, 전시회, 공연을 만날 수 있었습니다. 조선에서는 아주 특별한 공간이었죠. 30년대 중반의 소설만 봐도 남촌에서 벗어나 이삼십 분만 걸어가면 경성은 굉장히 어두운 곳이었다고 묘사하고 있어요. 그러니까 밤에 불빛이 없다는 것은 사람도 잘 안 다닐 뿐 아니라 경제 개발도 안 됐다는 얘기죠.

인하대 국문과 김동식 교수의 얘기처럼 모든 것이 청계천을 사이에 두고 차이가 났습니다. 1930년대 청계천가 풍경을 생생히 보여주는 소설이 바로 박태원의 『천변풍경』입니다. 그 '천변'이 청계천변인 것이죠. 대중예술평론가 이영미 씨가 소설 풍경을 전해드립니다.

다 떨어진 중절모자 빵꾸 난 당꼬바지
꽁초를 먹더래도 내 멋이야
댁더러 밥 달랬소 아 댁더러 옷 달랬소
쓰디쓴 막걸리나마 권하여 보았건디
이래봬도 종로에서는 개고기 주사 나 몰라
개고기 주사를 (뭐야 이건… 쳇)
김해송 〈개고기 주사(主事)〉 (김다인 작사, 김송규 작곡, 1938)

이영미(대중예술평론가) 박태원의 『천변풍경』에는 아낙네들 빨래터 풍경이 고스란히 그려집니다. 아주 막 왁자지껄하고 수다 떨고 그래요. 그런 빨래터가 있는 쪽은 청계천 북쪽이에요. 거기는 조선인들의 공간이죠. 포목점, 이발소, 한약방들이 청계천가에 즐비합니다. 그런데 청계천 남쪽은 사뭇 다른 모습이에요. 담배 만드는 전매국 공장 다니는 아가씨들이 종아리가 보일락말락 하는 치마에 납작 구두 신고 걸어 다니고 있고, 하나코 같은 일본 이름 붙인 웨이트리스들이 서빙 하는 카페들이 죽 들어서 있어요. 같은 청계천을 놓고도 북쪽과 남쪽의 대비가 선명하게 나타나 있는 작품이죠.

1930년대 화려한 모던 경성의 남촌, 그 카페나 다방의 풍경이 아마 이런 모습이었을 텐데요, 일제 강점기 노래 중 가장 블루스적인 노래, 이난영의 〈다방의 푸른 꿈〉입니다. 그의 남편 김해송이 작곡한 노래죠.

> 내뿜는 담배연기 끝에 흐미한 옛 추억이 풀린다
> 고요한 찻집에서 커피를 마시며
> 가만히 부른다 그리운 옛날을 부르느나 부르느나
> 흘러간 꿈은 찾을 길 없어 연기를 따라 헤매는 마음
> 사랑은 가고 추억은 슬퍼 부르스에 나는 운다
> 내뿜는 담배 연기 끝에 흐미한 옛 추억이 풀린다
> 이난영 〈다방의 푸른 꿈〉 (조명암 작사, 김해송 작곡, 1939)

〈목포의 눈물〉에서는 꾀꼬리 같은 소리를 내던 이난영이 블루스 느낌을 내느라고 일부러 저음으로 굵직하게 부른 목소리가 아주 인상적이네요. 이때는 벌써 커피를 '가배'니 '고히'니 하는 한문이나 일본식 발음으로 말하지 않습니다. 똑 부러지게 '커피'라고 발음합니다. 이 노래를 부를 때에 가수 이난영은 한복을 입지 않고 긴 드레스에 긴 검은 장갑을 끼었답니다. 둘째 딸인 김시스터즈의 김숙

(좌) 1940년대 KPK악단에서 이난영은 노래하고 현경섭은 열정적으로 트럼펫을 불고 있다
(우) 고운 목소리로 〈목포의 눈물〉을 불렀던 가수 이난영

자 씨는 어린 나이에도 우리 엄마 참 멋있다고 생각했답니다.

　이 시절 남편인 김해송은 동료이자 아내인 이난영을 '란짱'이라며 일본식 애칭으로 불렀답니다. 1930년대 후반, 식민지 경성의 한복판에서 모던하게 살아가고 있던 이들은 이미 일본어가 네이티브 수준이었습니다. 당시 모던보이, 모던걸은 이렇게 전화로 연애를 합니다.

　남 모시모시. 아 모시모시. 혼쿄쿠 후타센나나햐쿠하치주욧반요.
　(여보세요. 아 여보세요. 본국 2784번이오?)
　남 헬로 헬로 당신이 정희씨요?

여 네 네네 왓 이즈 유어 네임?

남 엊저녁 속달편진 보셨을 테지요?

여 아 약 광곤 줄 잘못 알고 불쏘시갤 했군요.

남 저응 저응 아이 러브 유.

여 아이고 망칙해라. 아이 돈 노우 빠이빠이.

남 아차차차차 으응 으응 으응 으응 저 끊지 말아요. 조조조 좃토맛테.

합창 끊으면 나는 싫어 나는 몰라요.

박향림·김해송 〈전화일기〉 (박영호 작사, 김송규 작곡, 1938)

박향림·김해송의 〈전화일기〉입니다. '좃토마테', '왓 이즈 유어 네임', 이 남녀는 조선어까지 무려 3개 국어를 구사하네요. 조선인들끼리도 일본어로 수다를 떠는 이 모던보이 모던걸의 도시는 바로 남촌, 그중에서도 명동과 혼마치였습니다. 지금 한국은행 박물관이 된 조선은행이 멋지게 서 있고 맞은편 서울중앙우체국 자리에는 3층짜리 경성우체국이 서 있었습니다. 미스코시백화점, 조지야백화점 같은 곳에 들어서면 말소리 절반 이상이 일본어였지요.

일본 긴자 거리에 온 것처럼 화려한 남촌, 명동과 혼마치. 커피와 양과자를 즐겼던 모던보이 모던걸들에게 그곳은 도쿄를 경험해보는 곳인 동시에, 겉으론 화려하지만 내면이 무력한 식민지 백성의 자화상을 확인하게 하는 곳이었던 겁니다.

대한민국의 신문화와
유행을 선도한 명동

충무로가 된 혼마치

흙 다시 만져보자 바닷물도 춤을 춘다

기어이 보시려던 어른님 벗님 어찌하리

이 날이 사십 년 뜨거운 피 엉긴 자취니

길이길이 지키세 길이길이 지키세

〈광복절 노래〉 (정인보 작사, 윤용하 작곡, 1950)

해방 후 서울을 노래한 대중가요에서 정말 오래간만에 남촌이 아
닌 북촌 광화문 거리가 등장합니다.

해방된 역마차에 태극기를 날리며

누구를 싣고 가는 서울 거리냐

울어라 은방울아 세종로가 여기다

삼각산 바라보니 별들이 떴네

장세정 〈울어라 은방울〉 (조명암 작사, 김해송 작곡, 1948)

일제 강점기에 거의 등장하지 않았던 북촌의 광화문, 세종로 그리고 조선의 정궁인 경복궁과 그 뒤에 보이는 진산(鎭山)인 삼각산까지 이 노래의 앵글에 담깁니다. 그러나 이런 대중가요가 많은 것은 아니었습니다. 해방이 됐다고 해서 대중들의 일상생활이 갑자기 변화하는 건 아니었으니까요. 여전히 서울의 최고 번화가는 충무로와 명동이었습니다.

봄비를 맞으면서 충무로 걸어갈 때

쇼윈도 그라스에 눈물이 흘렀다

이슬처럼 꺼진 꿈속에는 잊지 못할 그대 눈동자

샛별같이 십자성같이 가슴에 어린다

보신각 골목길을 돌아서 나올 때에

찢어버린 편지에는 한숨이 흘렀다

마로니에 잎이 나부끼는 네거리에 버린 담배는

내 맘같이 그대 맘같이 꺼지지 않더라

네온도 꺼져가는 명동의 밤거리에

어느 님이 버리셨나 흩어진 꽃다발

레인코트 깃을 올리며 오늘밤도 울어야 하나

바가본드 맘이 아픈 서울 엘레지

현인 〈서울야곡〉 (유호 작사, 현동주 작곡, 1950)

1950년에 발표된 현인의 〈서울야곡〉입니다. 가수 현인이 이 멋진 탱고 곡을 직접 작곡했습니다. 노래의 1절은 남촌의 충무로, 2절은 보신각 앞 종로네거리, 그러니까 북촌에서 가장 번화한 거리를 돌고, 다시 3절에서는 네온이 반짝이는 명동의 밤거리로 되돌아옵니다.

충무로, 즉 혼마치에 붙은 새 이름이지요. 가장 일본스러운 거리였으니 해방 후에 일본 색을 제압할 수 있는 가장 강력한 인물 충무공 이순신의 호를 사용해서 충무로라 이름 지었습니다. 그 심리를 이해할 만합니다. 하지만 일제의 영향이나 왜색 여부를 떠나 여전히 충무로와 명동은 가장 화려한 곳이었습니다.

명동백작들의 시대

(아나운서 해설) "삼팔선이 가져온 민족의 비극, 우리 어찌 잊으랴 6·25의 그날… 새 나라를 전화 속에 휩쓸어 넣어, 수많은 재산과 생명을 잿더미 속에 묻어버렸던 것입니다. 만 3년에 걸친 처절한 전쟁은 끝났습니다. 세계의 고아, 입을 것도 먹을 것도 없는

2000만을 폐허에 내버려둔 둔 채 전쟁은 끝났습니다."

문화영화 〈우리의 새 살림〉(국립영화제작소, 1958.1.1.) 중에서

새로운 국가를 건설하고 수도 서울을 재건해야 마땅했지만 오히려 서울 한복판은 전쟁으로 잿더미가 되었습니다. 예술인, 지식인들은 잿더미가 되긴 했지만 그나마 예전의 화려함과 예술적 낭만을 조금이라도 느낄 수 있는 명동으로 몰려들었죠. 1950년대 말부터 이곳을 드나들었던 영화평론가 김종원 씨의 회고입니다.

김종원(영화평론가)　명동이야말로 유행의 산실이자 6·25가 휩쓸고 간 전란의 폐허 속에 피어올린 문학 청년들의 꿈을 개화시킨 공간이었습니다. 명동을 빼고는 문화예술을 논할 수 없었어요. 그 싼 커피를 마시고 온종일 앉아있어도 눈도장만 찍으면 다시 차를 강권하지 않았어요. 돌체 음악 감상실, 갈채 다방, 나일구 다방, 거기 가면 평소 존경했던 문화예술인들이 진을 치고 앉아 있었죠. 예컨대 박인환의 「세월의 가면」에 곡을 붙인 이진섭 같은 이들이 바로 거기에 진을 치고 있었어요.

지금 그 사람 이름은 잊었지만
그 눈동자 입술은 내 가슴에 있네
바람이 불고 비가 올 때도
나는 그 유리창 밖 가로등 그늘의 밤을 잊지 못하지

사랑은 가고 옛날은 남는 것

여름날의 호숫가 가을의 공원

그 벤치 위에 나뭇잎이 떨어지고

나뭇잎이 흙이 되고 나뭇잎에 덮여서

우리의 사랑이 사라진다 해도

내 싸늘한 가슴에 있네

이동원 〈세월이 가면〉 (박인환 작시, 이진섭 작곡, 1956년 작곡, 이동원 2009년 노래)

이 노래를 명동의 술집에서 처음 발표할 때에 노래를 부른 사람은 테너 임만섭이었습니다. 이후 현인 같은 분들이 종종 불렀고, 1970년대에 박인희가 불러 다시 유명해졌지요. 박인환의 시 「목마와 숙녀」 낭송과 함께 말입니다.

사람들이 몰려들었으니 명동은 화려한 양장점과 양복점, 다방, 제과점, 그릴이라고 불렀던 경양식집, 맥줏집, 그리고 댄스홀 등이 생기면서 다시 화려한 모습을 되찾기 시작했습니다. 여전히 폐허 더미가 남아있긴 했지만, 명동에서는 아주 잠시나마 가난하고 비참한 한국인이라는 사실을 잊을 수 있었습니다. 아마 그건, 명동 중에서도 명동성당 앞에서 섰을 때에 가장 그랬을 겁니다. 대중예술 평론가 이영미 씨, 경기대 건축대학원 안창모 교수입니다.

이영미(대중예술평론가) 1950년대 대중가요 가사를 보면 서양이나 외국을 연상시키는 단어와 풍경이 아주 많았는데, 그게 서양을 잘 알아서가 아니라 그저 과시적으로 나열하는 양상이었어요. 제목부터, 〈샌프란시스코〉〈럭키 모닝〉〈아베크 선데이〉〈해피 세레나데〉〈아리조나 카우보이〉〈칼멘야곡〉 심지어 〈페르샤 왕자〉까지. 그러니까 이 시대가 국제화에 대한 욕망이 아주 강했던 시대라는 것을 고스란히 보여줍니다. 그러다 보니 서울의 풍경을 그릴 때에도 가장 서양적인 풍경을 일부러 골라서 그려내는 경향을 보여요. 예컨대 박경원의 〈미사의 노래〉나 나애심의 〈미사의 종〉에서처럼 말이죠. 나애심의 〈미사의 종〉을 들으면 명동성당 앞에 가 있는 느낌이 들잖아요. 명동성당이야말로 우리나라 전국을 통틀어 가장 서양적인 공간이라고 할까요. 그런 모습들을 일부러 골라서 노래에 배치하는 의도적인 모습을 찾아볼 수 있습니다.

1950년대 초반 명동의 모습

빌딩의 그림자 황혼이 짙어갈 때
성스럽게 들려오는 성당의 종소리
걸어온 발자욱마다 눈물 고인 내 청춘
한 많은 과거사를 뉘우쳐 울 적에
오 산타마리아의 종이 울린다
나애심 〈미사의 종〉 (세고석 작사, 전오승 작곡, 1958)

명동성당이 드
라마틱하게 서
있는 1900년
대 명동 전경

안창모(경기대 교수) 명동성당은 서울에 지어진 근대기의 건물 중
가장 충격적인 건물이었을 겁니다. 명동성당이 1892년에 착공해
서 1898년에 완공됐는데 그 당시 서울에는 2층 건물도 아주 드
물던 때였거든요. 명동성당 종탑이 건물 15층 높이인데다 종현이
라는 언덕에 세워졌으니, 그게 드라마틱하게 서는 순간 서울 경
관 전체를 지배하는 모습이었을 거예요. 근데 그 모습이 이국적
이고 기괴한 모습이었을 겁니다. 고딕이란 말 자체가 서구에서도
기괴하다는 뜻을 갖고 있었는데, 여기선 어땠겠어요. 그게 당시
강력히 밀려드는 서구 힘의 상징이었을 겁니다.

술 마시고 다방 다니는 사람들이 명동에 모였다면, 데이트를 즐
기는 남녀는 누구나 명동의 뒤편 남산으로 갔습니다. 예전에 위용
을 떨치던 일본 신사(神社)가 헐린 자리, 남산은 서울 시민 최고의

데이트 장소, 나들이 장소였지요. 1956년 선풍적인 인기를 모았던 영화 〈자유부인〉에서 주인공 남편인 대학교수 장태연이 옆집 사는 타이피스트 미스 박과 데이트를 즐기는 곳도 바로 남산입니다. 영화의 한 장면, 분위기를 엿보시죠.

미스 박 선생님, 앞으로는 이렇게 만나볼 기회도 없겠어요.
장태연 왜? 그게 무슨 소리야?
미스 박 언제까지나 이런 상태의 연장일 거예요.
영화 〈자유부인〉 (한형모 감독, 1956) 중에서

멋쟁이라면 무조건 명동

서울의 아가씨는 멋쟁이 아가씨
서울의 아가씨는 맘 좋고 슬기로워
서울의 아가씨는 명랑한 아가씨
남산에 꽃이 피면 라라라라 라라라
발걸음 가벼웁게 라라라라 라라라

그대와 나란히 손을 잡고 걸어요
서울의 아가씨는 멋쟁이 아가씨
서울의 아가씨는 맘 좋고 슬기로워
서울의 아가씨는 명랑한 아가씨

남산에 꽃이 피면 라라라라 라라라라

이시스터즈 〈서울의 아가씨〉 (김남석 작사, 박선길 작곡, 1960년대 중반)

1960년대 유명한 여성중창단 이시스터즈의 〈서울의 아가씨〉입니
다. 1950년대 브로드웨이 뮤지컬 한 장면을 보는 것 같지 않습니
까? 이 노래 들으면 서울 여자들은 모두 뾰족구두 신고 남산공원
에 놀러 다닐 것처럼 느껴지네요.

남녀 불문, 하여튼 명동에 나가야만 멋쟁이였습니다. 1960년대까
지 노래 중 명동이 나오든 안 나오든, 화려한 서울 시내란 모두 명
동이거나 그 부근의 소공동, 충무로 같은 곳을 염두에 둔 것이죠.
명동이 등장하는 노래 세 곡, 최희준 〈오인의 건달〉, 고운봉의 〈명
동 부르스〉, 조영남 〈명동 나그네〉 연이어 조금씩 들어보죠.

남이야 우리를 건달로 보지만

속셈은 있단다 깔보지 말아라

언제고 한밑천 잡기만 해봐라

데데하게 살려면 차라리 집어쳐

악착같이 애쓰면서 내일을 믿고 산다

최희준 〈오인의 건달〉 (유호 작사, 이봉조 작곡, 1966)

궂은비 오는 명동의 거리

가로등 불빛 따라 쓸쓸히 걷는 심정 옛 꿈은 사라지고

멋쟁이들이 모여들어 유행을 이끌었던 1970년대 명동 거리

언제나 언제까지나 이 밤이 다 새도록

울면서 불러보는 명동의 부르스여

고운봉 〈명동 부르스〉 (이철수 작사, 라음파 작곡, 1960년대)

비가 오면 차 한 잔에 쉬었다 가지

눈이 오면 술 한 잔에 취해서 돌아가지

명동 나그네는 외로운 집시

정 들자 돌아서는 그 사람처럼

아아 아아아아 아아 아아아아

한숨을 삼키면서 떠나는 나그네

조영남 〈명동 나그네〉 (김석야 작사, 이봉조 작곡, 1969)

이영미(대중예술평론가) 1950, 60년대 노래에서 명동을 내세운 노래는 정말 너무너무 많습니다. 〈비 내리는 명동거리〉 〈명동 부르스〉 〈명동야곡〉 〈멋쟁이 명동 아가씨〉, 심지어 1970년대 초에 신중현이 작곡한 〈명동 거리〉라는 노래까지 있을 정도인데요. 명동을 넣어 만들 수 있는 노래 제목은 거의 다 나왔다고 해도 과언이 아닙니다. 지방 도시에 가도 명동은 있었어요. 서울의 명동 거리처럼 화려한 거리에 그런 명칭이 붙었죠. 가게 상호도 '명동제과', '명동양행' 같은 이름을 지방에서 많이 썼거든요. 마치 서울에 '뉴욕제과', '독일제과', '불란서빵집'이 있었던 것처럼 말이죠. 말하자면 당시 서울은 뉴욕과 파리를 동경했고, 지방은 서울의 명동을 동경했던 거예요.

그러고 보니 기억이 생생합니다. 그때 서울 거리에 파리양행 같은 이름들이 참 많았어요.

(미영을 비롯한 젊은 여자 몇 명이 산타클로스 복장으로 트럭 뒤에 타고 가난한 동네에서 선물을 나누어주고 있다.)
미영 친구 자, 메리 크리스마스, 모두 모여요.
(선물을 받으러 온 아이들 소리로 와자지껄하다.)
영화 〈떠날 때는 말없이〉 (김기덕 감독, 1964) 중에서

야간통행금지가 있던 그 시절, 올나이트를 할 수 있는 날이 일 년

영화 〈떠날 때는 말없이〉에는 12월 31일 밤 가면무회를 하며 올나이트를 하던 청춘들의 모습이 나온다

에 딱 두 번이었습니다. 성탄전야, 그리고 12월 31일 밤입니다. 그때만 되면 너도나도 명동에 나갔죠. 신문과 방송에서는 '크리스마스를 가족과 함께'라는 캠페인이 매해 펼쳐졌어도, 해마다 연말만 되면 명동은 사람에 치일 지경이었습니다. 어쨌든 뭔가 화려하게 놀려면, 무조건 명동으로 갔어야 했어요.

미영 자, 우리 마지막을 멋있게 장식해요.

명수 올 라잇!

사회자 잠깐만! 이제 1955년도 몇 초밖에 남지 않았습니다. 지금 현재 시각 8초 전, 6초, 5초, 3초, 투, 원, 제로! (폭죽이 터진다.)

모두 이야! (박수하며 환호성 지른다.)

영화 〈떠날 때는 말없이〉 (김기덕 감독, 1964) 중에서 모든 고급한 소비와 향락, 유행이 명동으로 모였으니, 당연히 대중음악도 명동에서부터 인기가 시작됐습니다. 밤무대의 중심은 명동, 한마디로 거긴 전국구이고 중앙 무대였습니다. 명동 진출에 성공해야 음반도 내고 방송도 할 수 있었으니까요.

부자가 망해도 3년은 간다고 하죠. 일제 강점기가 끝난 지 수십 년이 지나도록 그들이 만들어 놓은 서울의 번화가 명동은 그 위력을 이어갔습니다. 그러나 세상은 바뀌고 있었습니다.

종로와 북촌의 귀환

그 시절 싱어롱을 기억하시나요?

얼어붙은 달그림자 물결 위에 비치면
한겨울의 거센 파도 모으는 작은 섬
생각하라 저 등대를 지키는 사람의
거룩하고 아름다운 사랑의 마음을
은희 〈등대지기〉 (지웅 작사, 외국 곡, 1970년대 초)

조개껍질 묶어 그녀의 목에 걸고
불가에 마주 앉아 밤새 속삭이네
저 멀리 달그림자 시원한 파도 소리
여름밤은 깊어만 가고 잠은 오질 않네

윤형주 〈라라라〉 (윤형주 작사·작곡, 1971)

아유, 이게 웬일입니까? 노래가 너무 건전해져서 당황하셨어요?
끈적한 아저씨 분위기가 사라지고 노래가 갑자기 상큼한 학생 분위
기로 확 바뀌었습니다.

색소폰이 흐느끼는 캄보밴드의 반주에서 달랑 통기타 하나 들고
노래하는 포크송의 시대, 바로 1970년대 청년문화의 시대가 된 겁
니다. 은희가 부른 〈등대지기〉에 이어서 윤형주의 〈라라라〉를 들으
셨어요.

> 날이 밝으면 멀리 떠날 사랑하는 임과 함께
> 마지막 정을 나누노라면 기쁨보다 슬픔이 앞서
> 떠나갈 사 이별이란 야속하기 짝이 없고
> 기다릴 사 적막함이란 애닲기가 한이 없네
> 전석환과 고바우 〈석별의 정〉 (전석환 작사, 외국 곡, 1970년대 초)

지금 나오는 노래는 전석환과 고바우의 〈석별의 정〉입니다. 싱어
롱이란 말을 들어보셨죠. 싱어롱이란 여럿이 함께 노래 부르는 걸
말합니다. 앞에서 한 사람이 기타를 치면서 가르치고 한 소절씩 따
라 부르기도 하고요. 1960년대에 이런 모임이 정기적으로 이루어졌
던 공간이 바로 종로2가 YMCA였습니다. 그곳에서 싱어롱 모임을
이끈 이가 바로 전석환입니다. 어깨에 둘러멘 기타 한 대로 싱어롱

열풍을 일으키면서 전국에 기타 배우기 붐을 불러일으켰죠. 수많은 포크 노래들을 우리말로 번안하기도 했고요. 우리나라 기타 포크음악의 장을 연 전석환 씨는 당시 YMCA의 싱어롱 프로그램인 '싱어롱Y'를 이렇게 회상합니다.

전석환(가수) 그땐 정말 시간 가는 줄 모르고 했어요. 오후 2시에 시작을 하는데 아침 11시부터 달려드는 거예요. 거짓말이 아니라 진짜로. 그럼 들어갈 때 악보를 줘요. 〈그대는 나의 태양〉 '앞마을 내 터에 빨래하는 순이…', 〈그리운 고향〉〈석별의 정〉〈사모하는 마음〉〈마틸다〉, 뭐 이런 거 전부 다 우리말로 번안한 노래 악보들을 프린트해서 줬죠. 애들은 그때 팝송이라는 건 생각도 못할 때거든. 양희은이 YWCA에 있을 적에 YMCA 싱어롱이 하도 잘 되니까 우리도 좀 배워서 해보자, 이렇게 소문이 났던 거죠.

청년문화의 중심지, 종로

싱어롱과 포크음악이 자라난 곳이 왜 하필 종로2가였을까요?

신현준(성공회대 교수) 당시 종로는 명동과 비교해 나름대로 정의되는 게 있었어요. 입시 학원, 대형 서점, 좋은 학교들이 대부분 북촌에 모여 있어서 종로에서 이른바 그들의 문화가 형성됐죠. 또 YMCA와 오래된 교회들, 새문안교회, 종교교회, 연동교회 같

은 곳이 종로 부근에 있었는데, 이런 교회들이 청년문화에 중요
했어요. 포크송이라는 게 가스펠송과 굉장히 연관이 많아요. 때
문에 초기 포크싱어 대부분이 기독교인들이었고, 나중에 그들
중 몇 명은 가스펠송 음반을 내기도 했죠. 결국 YMCA에서 학생
들과 가졌던 싱어롱 모임이 포크송의 태동이에요.

이 새로운 세대가 한국 대중가요계의 새로운 흐름으로 떠오르면
서, 남촌의 명동과 소공동의 색소폰 흐느끼는 소리는 졸지에 기성세
대의 올드패션이 되어 버렸습니다. 김세환의 〈목장 길 따라〉입니다.

> 목장 길 따라 밤길 거닐어 고운 님 함께 집에 오는데
> 목장 길 따라 밤길 거닐어 고운 님 함께 집에 오는데
> 스타도라스타도라 스타도라품파 스타도라품파 스타도라품파
> 스타도라스타도라 스타도라품파 스타도라품파 품품품
>
> 김세환 〈목장 길 따라〉 (이장희 작사, 외국 곡, 1970년대 초)

이런 노래들이 유행하던 1970년대 초에, 텔레비전에서는 남진과
나훈아가 라이벌로 한창 활동하고 있었고, 패티김과 이미자 같은
가수도 여전히 인기를 유지하고 있었습니다. 그런데 생뚱맞게 천둥
벌거숭이 같은 통기타 든 젊은이들의 인기가 점점 높아지기 시작했
죠. 그들과 종로는 어떤 상관이 있을까요?

이영미(대중예술평론가) 당시 이런 포크송 가수들의 노래들이 준 충격은 "대중가요를, 가스펠송 부르는 목소리로 노래하네!" 하는 것이었습니다. 젊은이들에게 이런 노래는 기성세대의 대중가요가 지닌 상업성과는 구별되는, 뭔가 신선하고 순수하고 깨끗한 노래로 받아들여졌어요.

화려한 드레스와 정장이 아니라 남방에 청바지 차림이었고, 지휘에 맞춰 노래하는 게 아니라 자기 스스로 어쿠스틱 기타 하나 들고, 자신이 만든 노래를 불렀거든요. 즉 그 가수는 노래하는 기술자가 아니라 자기가 하고 싶은 말을 솔직하게 하는 '작가'로 받아들여졌습니다. 게다가 가수도 명문대 학생이 많아서 당시 중고생이나 대학생들이 보기에 시쳇말로 '있어' 보였던 거죠.

사실 청년문화가 그렇게 아마추어적이기만 한 건 아니었습니다. 그들의 의도와 무관하게 상업적 음반에 팔리고 방송에서 돈 받고 노래하게 되는, 보통 대중가요인 건 분명했으니까요. 그런데 이것이 당시 청소년에게 전혀 다르게 다가온 것은 1970년대 초의 청소년들이 전후세대로서 이전과 아주 다른 문화적 세대였기 때문입니다. 즉 1950년대에 태어난 아이들, 식민지 경험이나 전쟁 경험도 없고 미국식 민주주의를 교과서적으로나마 배우고, 정부가 잘못하면 대학생 형들이 데모하는 게 당연한 걸로 아는 아이들이었어요. 그러니까 당연히 식민지 세대가 놀던 번화가 명동, 그리고 그곳이 중심인 대중음악은 너무 어른스러웠고 모든 게 비쌌습니다.

반면 전후세대들의 중심 지역은 인문계 중고등학교가 밀집해 있던 종로였던 거죠. 식민지 시대에 남촌 명동에 밀려서 그 위용을 잃어버렸던 북촌·종로가 탈식민의 시대, 광복과 전쟁 이후에 태어난 세대에 의해 다시 서울 문화의 중심으로 복귀하게 된 것입니다.

학생들의 거리, 종로

> 모두들 잠들은 고요한 이 밤에
> 어이해 나 홀로 잠 못 이루나
> 넘기는 책 속의 수많은 글들이
> 어이해 한 자도 뵈이지 않나
> 그건 너 그건 너
> 바로 너 때문이야
>
> 이장희 〈그건 너〉 1절 (이장희 작사·작곡, 1973)

이장희 〈그건 너〉 앨범 자켓

110

이장희의 〈그건 너〉입니다. 드디어 북촌의 종로가 화려한 재등장을 하는 장면입니다. 지금 가수 이장희 씨는 당시 종로를 어떻게 기억하고 있을까요?

이장희(가수) 명동이 고급스럽고 전문화한 공간, 좀 작은 공간 느낌이었다면, 종로는 대중적이고 쫙 퍼져있는 넓은 느낌이었어요. 학생과 일반 대중들은 종로로 모였죠. 명동과 다르게 종로는 많은 사람들이 모여드는 대중적 공간이었어요. 1970년대 당시 대중문화의 중심 같은 거였죠.

어제는 비가 오는 종로거리를
우산도 안 받고 혼자 걸었네
우연히 마주친 동창생 녀석이
너 미쳤니 하면서 껄껄 웃더군
이장희 〈그건 너〉 2절

주인공은 비가 오는 종로 거리를 걷습니다. 거기서 만난 것은 학교 동창생입니다. 이들 세대는 이제 가문이나 출신 지역보다 학교로 맺어진 학연이 훨씬 더 중요한 세대가 된 거죠. 이들 청년문화와 포크송을 선도한 것은 서울의 대학생과 인문계 고등학교 학생들이었어요.

양성모(시민) 지금은 강남 쪽으로 많이 옮겨갔지만 경기, 서울, 경복, 중앙 등이 모두 종로의 북쪽에 있었어요. 여학교로는 숙명, 진명, 창덕, 덕성, 배화, 풍문, 종로5가의 정신여고까지. 모두 종로 북쪽에 있었죠. 학교가 많으니까 입시 학원도 많았고. 종로서적 뒤에는 종로학원이 있고, 세종문화회관 뒤에는 대성학원이 있었고. 학생들이 엄청 많았죠. 분식점도 많았고. 서점도 주변에 큰 게 많았는데, 제일 큰 게 종로서적이랑 양우당, 그게 제일 크고 사람들도 많이 몰렸어요.

정말 명동과는 분위기가 다르네요. 술집과 다방, 고급 양장점과 구두점이 밀집해있는 남촌의 명동과, 서점과 학원이 밀집해 있는 북촌의 종로, 그곳에서 다른 노래가 나오는 것은 어찌 보면 당연합니다. 포크송은 바로 이들의 노래였습니다.

종로의 음악과 명동의 음악

헤어지자 보내온 그녀의 편지 속에
곱게 접어 함께 부친 하얀 손수건
고향을 떠나올 때 언덕에 홀로 서서
눈물로 흔들어주던 하얀 손수건
그때의 눈물 자위 사라져 버리고
흐르는 내 눈물이 그 위를 적시네

트윈폴리오의 〈하얀 손수건〉입니다. 이 노래가 불렸던 음악 감상실 세시봉은 이제 한 시대를 대표하는 이름이 되었습니다. 세시봉은 무교동에 있었지요. 종로2가의 학생 분위기와는 좀 다른, 물론 명동과도 다른, 낙지볶음에 술 한 잔 하는 샐러리맨과 직장인 분위기의 동네가 종로 무교동입니다. 한대수 씨의 얘깁니다.

장막을 걷어라 너의 좁은 눈으로 이 세상을 떠보자
창문을 열어라 춤추는 산들바람을
한 번 더 느껴보자
가벼운 풀밭 위로 나를 걷게 해주세
봄과 새들의 소리 듣고 싶소
울고 웃고 싶소 내 마음을 만져 주
나는 행복의 나라로 갈 테야

한대수 〈행복의 나라로〉 (한대수 작사 · 작곡, 양희은 노래로 1972)

한대수(가수) 명동이 그 당시는 최고였습니다. 완전히 대한민국의 중심이었어요. 멋쟁이들이 몰렸고 또 부의 상징이었고. 종로무교동은 주로 이제 약주 좋아하시는 분들이 많이 찾죠. 무교동 골목에 들어서자마자 낙지 냄새가 팍 납니다. 아주 매운, 눈물 날 정도로 매운 낙지에다가 콩나물국, 조개국, 야, 최고였습니

1970년대 종로2가 모습

다! 약주를 그냥, 사발에다가 주면, 크으, 마시고. 얼마나 인생이
힘들어요? 직장인들, 학생들, 힘든 인생 같이 위로하고… 정말
좋았어요. 그게 종로였습니다. 명동에는 별로 없던 서민적인 분
위기였죠. 밥을 먹고 돈이 모자라면 시계를 벗어주고. 음식점, 술
집마다 외상 시계가 수두룩했어요.

포크송이 종로2가 청소년들의 지지를 얻고 있었다 할지라도 전
문 가수가 되어 돈을 벌고 음반도 내고 방송 출연도 하려면, 기성
세대들이 차려놓은 밥상에 들어갔어야 했습니다. 그건 아무래도
무교동을 거쳐 명동의 음악 감상실, 음악 살롱이었습니다. 무교동
세시봉, 종로에서 시작해서 명동으로 확장된 이종환의 쉘부르, 그

리고 명동의 오비스캐빈 같은 곳이 그런 곳이었지요.

당시 이곳을 전전하던 한대수, 조영남 두 사람의 이야기를 들어
보죠.

한대수(가수) 음악 할 곳이 그땐 그다지 없었어요. 그래서 소문을
듣고 또 음악다방 DJ들의 얘기를 듣고 간 곳이 종로 무교동의 세
시봉이었습니다. 그리고 모든 유행이 모인 명동의 오비스캐빈이
있었죠. 여기서 잠시 저녁 무대에 섰었고. 무교동 세시봉에는 송
창식과 윤형주의 트윈폴리오, 그리고 조영남 씨 〈딜라일라〉가 있
었는데, 정말 대단한 인기더라고요.

밤 깊은 골목길 그대 창문 앞 지났네
창문에 비치는 희미한 두 그림자
그댄 내 여인 날 두고 누구와 사랑을 속삭이나
오 나의 딜라일라 왜 날 버리는가
애타는 이 가슴 달랠 길 없어 복수에 불타는 마음만 가득 찼네.
조영남 〈딜라일라〉 (조영남 작사, 외국 곡, 1968)

조영남(가수) 고생, 바가지로 했지. 돈이 어딨어, 나오는 데가 뻔
하니까. 좋아하니까 거기 매달렸고. 거기 취직되려면 정말 아
우… 아주 고급한 오디션이 내부에서 암암리에 치러졌다는 게
내 생각이에요.

1970년대 전반기에 포크의 인기가 급상승하면서 새로운 유행으로 자리 잡았습니다. 그래서 1970년대 후반부터는 아예 직업가수를 하려고 통기타 들고 무교동을 거쳐 명동을 찾는 사람들이 늘어났습니다. 초기 포크의 아마추어적 신선함 같은 분위기는 많이 사라진 셈이지요. 조영남 씨는 당시를 이렇게 기억합니다.

조영남(가수) 종로, 무교동에서 왔다 갔다 하다가 끝머리는 명동이 목표였죠. 종로는 그런 면에서 명동으로 가기 위한 준비 단계지. 나도 종로, 무교동 세시봉에서 노래한 게 일종의 명동 큰 무대를 위한 오디션 같은 것이었어요.

말하자면 북촌에서 청년문화가 치고 올라온 이후에도 남촌의 명동은 여전히 힘을 쥐고 있었습니다. 명동은 기성세대의 공간, 어른들의 공간, 돈과 화려함과 권력이 있는 공간이었던 셈이지요.

청년문화, 명동에 대한 애증

어머님의 말씀 안 듣고 머리 긴 채로 명동 나갔죠
내 머리가 유난히 멋있는지 모두들 나만 쳐다봐
바로 그때 이것 참 큰일 났군요 아저씨가 오라고 해요
웬일인가 하여 따라갔더니 이발소에 데려가 내 머리 싹둑
어머님의 말씀 안 듣고 짧은 치마 입고 명동 나갔죠

내 치마가 유난히 멋있는지 모두들 나만 쳐다봐

바로 그때 이것 참 큰일 났군요 아저씨가 오라고 해요

웬일인가 하여 따라갔더니 그 다음은 말 안 할래요

여러분도 이런 봉변당하지 말고 어서 머리 깎으세요

여러분도 이런 큰일 당하지 말고 어서 긴 치마 입으세요

쉐그린 〈어떤 말씀〉 (백순진 작사·작곡, 1972)

　대중가요계 사람들만 그런 건 아니었습니다. 보통의 대학생들도 그랬어요. 평소에는 편안한 종로나 학교 부근에서 놀다가 주머니에 목돈이 좀 생기고 소개팅이라도 하려고 정장 차려입고 나갈 때에는 꼭 명동으로 갔습니다. 평소에 입지 않아 어색한, 그러나 비싸고 폼도 나는 정장, 그게 바로 그들과 명동의 관계와 같았던 거죠. 명동을 향한 이런 애증의 시선이 느껴지는 노래 쉐그린의 〈어떤 말씀〉에 이어지는 서유석의 〈파란 많은 세상〉입니다.

새야 새야 참새 떼야 말 많은 새야 매연가스에 쫓겨 가다니요

밤이 되면 짧은 치마의 주정뱅이들 연탄개스에 조심하라구요

명동 거리 걸어가는 아가씨 마음에 무슨 생각을 하고 있는지요

아 내 친구야 묻덜 말아라 너도 몰라 나도 몰라요

서유석 〈파란 많은 세상〉 (서유석 작사, 외국 곡, 1971)

서유석(가수)　명동은 소비적이지. 일단 명동에 들어오려면 돈이

있어야 돼. 종로랑 달라. 돈이 있어야 가는 곳이었으니까. 명동은 음악 다방도 오래 있으면 눈치 준다고. 종로 음악 감상실은 안 그렇잖아. 아침에 들어와서 하루 종일 있어도 뭐라 안 하거든. 종로는 뭐랄까, 책이라도 들고 들어와서 보는 놈들이 있어. 명동은 안 그렇지. 책 보던 놈들도 오늘은 책 접고 나가는 곳이 명동이야. 이 노래는 그때 웬만한 젊은이들은 명동으로 한 번씩 다 나오니까 "도대체 너희들 의식이나 있냐?" 그런 거였지. "임마, 세상이 이런데 도대체 무슨 속셈으로 매일 명동 나와서 까르륵대고 뭐가 그렇게 좋으냐?" 이렇게 철없는 젊은이들을 지적한 거죠.

명동, 화려하고 좋지만 불편합니다. 그래서 언제든지 발을 뺄 수 있다고 생각했던 걸까요? 초기 포크인, 서유석의 〈철날 때는 됐지〉의 가사는 의미심장합니다.

나는 담배 한 대 못 피우고 나는 밀밭에도 못 간다네
머리만은 덥석부리지만 히피족은 진정 아닙니다
내가 입은 옷은 작업복에 내가 가는 곳은 싸롱인데
판타롱을 만나 즐기지만 싸이키는 진정 모릅니다
우리들은 이미 알고 있죠 어릴 때는 벌써 지났다고
다운타운 정이 들었지만 때가 되면 멀리 떠납니다
서유석 〈철날 때도 됐지〉 (서유석 작사, 외국 곡, 1970)

118

이영미(대중예술평론가) 당시 기성세대는 청년문화를 아주 우려했습니다. 하라는 공부는 안 하고 그저 술 먹고 노는 것만 좋아하고, 자칫 잘못하다간 마약과 혼숙을 일삼는 사이키델릭한 히피가 될 수 있다는 우려가 많았던 거죠. 노래는 "뭐, 우리가 판타롱, 싸롱을 즐기는 건 사실이에요"라고 말해요. 엄숙하게 금욕적 분위기로 '잘 살아 보세'를 외치는 기성세대와는 달랐으니까요. 하지만 그렇다고 다들 담배와 맥주에 절어서 사는 건 아니라는, 특히 사이키는 진정 아니라는 항변이 이 노래에 담겨 있습니다. 화려한 소비적 도시, 이 다운타운을 즐기기는 하지만, 이것이 자신들의 진정한 정체성은 아니라는 생각을 갖고 있었던 것이죠.

옛 사랑 같은 종로와 광화문

그래서 이들의 마음의 고향은 남촌의 명동이 아니라 북촌의 종로였습니다. 나이를 먹은 후에도 이들은 자신들이 학교를 다니고 책을 사고 가끔 기분이 나면 박인희 씨가 운영한다는 광화문에 있는 레코드 가게에 들러 새로 나온 음반을 구경하고, 출출하면 그 위층의 덕수제과에서 단팥빵을 사먹었던, 그 시절을 생각합니다.

이제 모두 세월 따라 흔적도 없이 변하였지만
덕수궁 돌담길엔 아직 남아있어요 다정히 걸어가는 연인들
언젠가는 우리 모두 세월을 따라 떠나가지만

언덕 밑 정동 길엔 아직 남아있어요 눈 덮인 조그만 교회당

향긋한 오월의 꽃향기가 가슴 깊이 그리워지면

눈 내린 광화문 네거리 이곳에 이렇게 다시 찾아와요

언젠가는 우리 모두 세월을 따라 떠나가지만

언덕 밑 정동 길엔 아직 남아있어요. 눈 덮인 조그만 교회당

이문세 〈광화문 연가〉 (이영훈 작사·작곡, 1988)

　이문세 〈광화문 연가〉 속 정동 언덕길의 교회당. 100년이 넘은 정
동교회입니다. 정동교회를 중심으로 해서 한쪽은 이화여고, 다른
한쪽은 배재고등학교가 있었죠. 그 정동교회 앞에는 이 노래를 지

정동교회 앞에 자그마하게 놓여 있는 이영훈의 노래비

120

은 이영훈을 추모하는 노래비가 자그마하게 놓여 있지요.

이제 북촌의 학교들 태반은 강남으로 이사를 갔습니다. 학원들도 노량진으로, 강남역으로 다 가버렸지요. 이제 약간의 외국어학원들만 종로3가에 남아있습니다.

신현준(성공회대 교수) 강남이 개발되면서 종로의 학교들과 상권이 대거 강남으로 옮겨졌고요. 종로 주변의 방송국 즉 정동과 서소문의 MBC와 TBC도 옮기거나 통폐합되는 방식으로 여의도로 이사했죠. 종로, 광화문은 현재적 활동 무대라기보다 노스탤지어의 장소가 되어가는 겁니다. 다 사라졌고, 또 사라질 거라는 것, 이 노래가 나올 때에 이미 그랬어요. 이 노래가 20년 넘게 불리면서 노스탤직해진 게 아니라, 처음부터 이 노래는 노스탤직했어요.

남들도 모르게 서성이다 울었지 지나온 일들이 가슴에 사무쳐
텅 빈 하늘 밑 불빛들 켜져 가면 옛사랑 그 이름 아껴 불러보네
찬바람 불어와 옷깃을 여미우다 후회가 또 화가 난 눈물이 흐르네
누가 물어도 아플 것 같지 않던
지나온 내 모습 모두 거짓인가
이제 그리운 것은 그리운 대로 내 맘에 둘 거야
그대 생각이 나면 생각난 대로 내버려두듯이
이문세 〈옛사랑〉 (이영훈 작사·작곡, 1991)

추억의 공간, 강북, 그리고 북촌

　종로와 명동, 북촌과 남촌, 그 화해하지 못할 것 같았던 두 공간도 이제는 그냥 '강북'이 되어 버렸습니다. 강남이 개발되면서 그 두 곳은 모두 서울의 옛 거리로 치부되는 거죠. 세상이 그래요. 열다섯 살 터울 지는 장남과 막내가 자랄 때에는 엄청나게 세대 차이가 나는 것 같았는데, 막상 조카가 태어나고 나니 모두 똑같은 삼촌이고 똑같은 기성세대더라고요.

　물론 그 노스탤지어의 중심은 더 오래된 동네, 북촌이긴 합니다. 명동에서는 화장품을 사고 북촌 한옥마을에서는 〈겨울연가〉의 배경이 된 중앙고등학교를 찾아 욘사마의 순정적인 사랑의 온기를 확인하고 싶어 하지요.

> 비가 내리는 삼청동 거리에서 혼자 비를 맞으며 말없이 널 그리고
> 불러도 참 대답 없는 너의 사진을 바라보면서 또 눈물이 흐르고
> 비가 내리는 삼청동 거리에서 혼자 비를 맞으며 말없이 널 그리고
> 불러도 참 대답 없는 너의 사진을 바라보다 다시 눈물만
> 비가 오면 함께 오던 카페에 앉아 내리는 빗물에 추억을 씻어내고
> 함께 걷던 아름다운 골목길에서 너를 불러보지만
> 더 이상 너는 여기 없는데
> 더 이상 너는 곁에 없는데
> 양영호 〈비 오는 삼청동〉 (양영호 작사·작곡, 2013)

드라마 한류 팬들이 그곳을 아직도 찾고 있고, 그중 북촌의 매력을 발견한 이들은 북촌의 한옥 게스트하우스를 골라 한옥 체험을 하고 있습니다. 그 주변 가회동과 삼청동에는 작은 수공예품 가게들이 따뜻한 인간적 분위기를 풍기고 있고요. 이건 지금도 명동에서는 느낄 수 없는 것들이죠.

일제가 들어와 북촌의 권위를 무너뜨리면서 남촌 명동을 화려한 번화가로 만들어놓고, 그 식민지 세대들에 저항했던 청년문화 세대들이 북촌 종로의 기운을 다시 회복시키고, 그러다 강남이 개발되면서 다시 강북 전체가 퇴락하고….

하지만 바로 그랬기 때문에 개발이 덜 된 북촌이 사람들의 '마음의 고향'으로 남아서 지금도 우리를 위로하며 새로운 상상력을 불어넣어주고 있습니다.

(상략) 조금씩 잊혀져 간다
머물러 있는 사랑인 줄 알았는데
또 하루 멀어져 간다
매일 이별하며 살고 있구나
매일 이별하며 살고 있구나
김광석 〈서른 즈음에〉(강승원 작사·작곡, 1994), 인순이 〈서른 즈음에〉(2011)

김광석 씨가 살았다면 벌써 오십이군요. 인순이 씨도 오십대고요. 이제 뭐, 같이 늙어가는 처지입니다. 결코 화해할 수 없을 것 같았던 김광석의 포크와, 인순이의 명동 나이트클럽 분위기가 이렇게도 만나는군요.

과거는 이렇게 살아남아 어우러지면서 빡빡한 현재의 삶에 숨 쉴 수 있는 구멍을 만들어주고 있습니다.

2013 기획 특집 〈사운드 맵 음악으로 그린 서울 지도〉. 오늘은 제2부 '청계천, 노래 사이로 흐르다-북촌 종로와 남촌 명동' 편이었습니다. 다음에는 제3부 '해방구, 노래를 불러 모으다-이태원, 대학로 그리고 홍대 앞' 편을 보내드립니다. 지금까지 기획 취재에 이진성, 박재철, 구성에 이영미, 저는 노래하는 한영애였습니다.

이거 봐라, 뭔가 뜻이 있는 거 같지 않니?
한쪽 모래가 다 떨어지면 끝나는 게 꼭 우리 사는 것 같지 않니?
제 아무리 대단한 것도 끝이 있는 법이다.

드라마 〈모래시계〉 중 윤 회장 대사의 일부분

〈모래시계〉에는 이전 드라마에서는 느낄 수 없었던 묘한 뒷맛이
있었습니다. 살살 굴릴 때마다 혀끝에 와 닿은 낯선 미각. 드라마
를 보면서 그것이 무엇일까 궁리를 해보곤 했습니다. 행복을 말하
지 않고 행복을 경험하게 하는 것이 작품을 쓰는 목표라던 어느 문
인의 고백처럼, 이 드라마가 말하지 않고 직접 경험하게끔 하는 그
뒷맛의 정체는 뭘까…

"사라지는 것에 대한 쓸쓸함" 굳이 이름 붙이자면 이쯤 되지 않
을까 싶었습니다.

사랑도, 명예도, 권력도 그리고 그 모든 것을 잉태하는 사람조차도 마치 모래시계 속의 모래알 같은 존재라는 것. 중력에 의해 서서히 아래로 떨어지는 모래시계, 우리 모두는 그렇게 시간에 따라 예외 없이 사라지고 말 운명이라는 것. 그리고 그 운명이 완성되면 언제 그랬냐는 듯이 간단히 뒤집혀 또 다른 누군가의 타이머가 시작되리라는 것.

그 지루한 반복 속에서 도대체 우리는 어떤 차이를 만들며 살아가고 있는 걸까? 드라마 〈모래시계〉를 보고 있노라면 그런 생각들이 모래알처럼 머릿속에 흩어지곤 했습니다.

'제2부 청계천, 노래 사이로 흐르다'에서는 모래시계의 이미지가 어른거립니다.

한강이 서울을 강남과 강북으로 크게 나눴다면 청계천은 강북을 북촌과 남촌으로 양분했습니다.

물의 흐름과 방향에 따라 사람살이의 모습이 달리 형성되는 것은 예나 지금이나 변함이 없나 봅니다.

청계천의 북쪽인 북촌은 지금의 광화문과 종로 일대였는데 조선시대에는 이 북촌이 서울의 주도권을 쥐고 있었다고 합니다. 힘 있고 돈 있는 사람들이 그곳에 몰려 살았으니 당연히 그리 된 것이겠죠.

그러나 모래시계는 언제나 뒤집혀지게 마련인지라 북촌의 권세는 제 운명의 시효가 분명히 있었습니다. 일제 강점기에 들어서면서 근대 문물의 중심지로 명동과 충무로가 번성하면서 남촌에 그 권력이 이양됩니다. 도시 권력의 이런 왕래에 대한 자세한 경과는 이 장을 이루는 주요 내용이기도 합니다.

해방 후 북촌은 도시 권력의 복권을 꿈꾸며 '청년 문화의 거점화'와 '예스러움의 현대화'라는 남촌과는 사뭇 다른 도시 전략을 내놓게 되는데 그 보이지 않는 권력의 향배가 당시 유행한 노래 스타일에 남게 되었다는 게 청계천을 둘러싼 노래 이야기의 메인 테마입니다.

고고 댄싱 클럽 vs 통기타 음악 살롱, 나비넥타이를 맨 브라스 밴드 vs 청바지를 입은 그룹 사운드 밴드, 이런 대립은 청계천을 사이에 두고 갈마들던 도시 권력의 주도권 싸움 속에서 형성된 짝패였던 것이죠.

드라마에서 모래시계가 우리 시대의 굴곡진 현대사와 권력의 무상함을 은유하는 오브제로 사용된 것이라면, 청계천을 사이에 둔 북촌과 남촌은 그 모래시계의 볼록한 양쪽 유리관을 상징한다고 해도 그리 억지스러운 것은 아니지 않나 싶네요.

마음의 고향은
남촌의 명동이 아니라 북촌의 종로였습니다.
나이를 먹은 후에도 단팥빵을 사 먹던
그 시절을 기억합니다.

제3부

해방구,
노래를 불러 모으다
-이태원, 대학로 그리고 홍대 앞

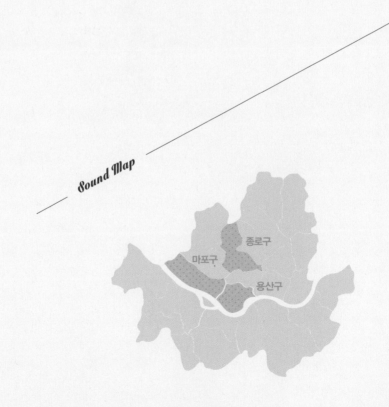

Sound Map

마포구

종로구

용산구

Sound Map

 1950년대 이후 용산 미군 기지 옆 미군들의 유흥가였던 이태원. 외국 군대의 주둔지라는 슬픈 역사를 지닌 이곳은 역설적으로 우리 정부의 통제와 검열로부터 벗어나고자 했던 이들에게 해방구로 기능했습니다. 정부의 통제가 잘 미치지 못한 일종의 정치적·문화적 '치외법권' 지대였기 때문입니다. 조용필, 패티김, 신중현 등 우리 현대 대중음악계의 스타 상당수가 자신들의 음악 활동을 이들 미8군 클럽에서 시작했습니다.

 이태원은 우리 대중음악에 미국 대중음악을 끌어들여 주류로 등장시키는 인큐베이터 역할을 담당했습니다. 특히 1980년대 후반 비주류 장르였던 흑인 음악과 춤인 랩과 힙합이 우리 대중가요로 흡수되는 통로도 바로 이곳이었습니다. 춤 마니아들의 클럽인 '문나이트'에서의 음악적 교류는, 현진영, 듀스, 서태지와 아이들 등 1990년대 댄스음악에서부터 지금의 아이돌 음악에 이르기까지 대표적 음악 형식이 된 랩댄스음악을 낳는 가장 중요한 힘이 됐습니다.

한편, 여의도에 자리한 지상파 TV 방송이 대중음악 판도를 좌지우지하는 권력으로 점점 막강해져가던 1980년대에, 이에 대한 대안으로 형성된 신촌블루스, 들국화 등의 언더그라운드 음악이 성장하는데, 이들의 문화적 거점은 바로 이른바 서구적 자유주의를 빠르게 받아들이던 기독교 관련 대학들이 모인 신촌과, 소극장이 밀집한 대학로였습니다. 신촌과 대학로는 자유와 젊음을 대변하는 도발적이거나 저항적인 문화로, 텔레비전 방송에 결탁하지 않는 언더그라운드 음악의 중심지가 되었습니다.

그러다 신촌 지역의 상업화 경향이 강해지고 대학로에서 연극·뮤지컬 이외의 분야가 살아남기 힘들게 되면서, 비주류 독립음악의 기지로 떠오른 곳이 바로 홍대 앞입니다. 예술적 풍취를 지니면서도 상업화에 저항해 온 홍대 앞이 대안적 공간으로 자리 잡으며 뮤지션들이 모여듭니다. 홍대 앞은 기존 메이저 음악이 아닌 대안적 클럽 음악 문화에 목마른 이들의 해방구로 기능합니다. 하지만 홍대 역시 신촌과 대학로와 마찬가지로 상업화로 인해 본래의 특성이 퇴색될 위기에 처해있습니다. 이는 우리의 비주류 언더 혹은 인디 문화 인큐베이터 지역들이 처해 있는 비슷한 문제로서, 그 지역성 보존에 대한 사회적 주의와 환기가 절실한 상황입니다.

미국풍 대중음악의 인큐베이터,
미8군 밤무대

미군 관객을 열광시킨 KPK악극단

장소는 음악을 낳고, 또 그 음악 때문에 그 지역은 특정한 이미지를 사람들 머릿속에 심어놓습니다. 음악은, 그 스스로 지도를 그립니다.

불타는 금요일, 홍대 앞 라이브클럽 앞에 젊은이들이 북적거립니다.

시민1 공연도 많이 하고 젊은 사람들의 거리잖아요. 그리고 없는 게 없고.

시민2 인디밴드들 공연 같은 것, 많이들 오잖아요. 노래도 많이 듣고.

시민3 노래방 같은 것도 많이 있고.

시민4 골목골목 다니다 보면 볼 것도 많고.

시민5 볼거리가 많아요. 공연 같은 것도 많이 하니까.

리포터 어떤 음악?

시민5 인디, 인디, 인디음악. 하하

수많은 매체들이 대중음악을 실어 나르는 시대가 되었지만, 적지 않은 사람들이 지금도 직접 가수가 노래하는 공간, 주류 음악과 다른 새로운 음악이 있는 장소를 찾습니다. 오늘 우리가 함께 갈 곳은 바로 이태원과 대학가, 그리고 홍대 앞입니다.

총 4회로 진행해드리고 있는 2013 기획 특집 〈사운드 맵 음악으로 그린 서울 지도〉. 오늘은 그 세 번째 시간입니다. 그제와 어제는, 한강을 사이에 둔 강남과 강북의 모습, 그리고 청계천이 가로놓인 북촌 종로와 남촌 명동의 엇갈린 운명을 노래와 함께 여행했습니다. 오늘은 제3부 '해방구, 노래를 불러 모으다-이태원, 대학로 그리고 홍대 앞' 편, 출발하겠습니다.

노란 샤쓰 입은 말없는 그 사람이
어쩐지 나는 좋아 어쩐지 맘에 들어
미남은 아니지만 씩씩한 생김생김
그 이가 나는 좋아 어쩐지 맘이 쏠려
아아 야릇한 마음 처음 느껴 본 심정

아아 그이도 나를 좋아하고 계실까

노란 샤쓰 입은 말없는 그 사람이

어쩐지 나는 좋아 어쩐지 맘에 들어

한명숙 〈노란 샤쓰의 사나이〉 (손석우 작사·작곡, 1961)

1960년대 초 최고의 히트곡이었던 한명숙의 〈노란 샤쓰의 사나이〉. 지금은 귀에 쏙 박히도록 익숙한 멜로디지만, 이 노래가 나오기 전인 1950년대 중반까지만 해도 이런 노래는 우리에게 생소한 장르였답니다.

전쟁 직후까지도 우리 대중가요의 주류는 일본 엥카(演歌)의 영향을 받은 트로트와 신민요였습니다. 그러다 1950년대 후반에 들면서 우리 대중가요계에 새로운 조류가 생겨나기 시작하는데, 그게 바로 미국풍 대중음악이었습니다. 하지만 이 음악이 바로 우리 가요의 주류가 될 수는 없었죠. 미국풍 대중음악이 우리 가요계에 안착해서 〈노란 샤쓰의 사나이〉가 나오기까지는, 온실의 역할을 해줄 인큐베이터가 필요했습니다.

이영미(대중예술평론가) 식민지 시대의 우리 대중가요 주류 양식 2개를 꼽으면 엥카 영향을 받은 트로트와 신민요예요. 이 큰 흐름 전쟁 직후까지 그게 유지돼요. 그러다가 1950년대 후반이 되면 양풍·미국풍 대중음악이 들어와요. 근데 새로운 게 들어오면 바로 주류가 되기는 힘들어요. 안착할 시간이 필요한 거죠. 1961

년에 〈노란샤쓰의 사나이〉가 나오면서 미국풍 대중음악이 새로운 주류로 등장하는데, 1950년대 중반부터 후반까지 부글부글 끓도록 해주는 인큐베이터가 필요하잖아요. 그게 바로 미8군 밤무대였어요.

당장 많은 한국인들이 좋아하지는 않아서 대중매체에서 들을 수 없던 음악을, 미군 대상의 공연에서는 해볼 수 있었다는 얘긴데요. 당시 미군 대상의 공연을 시도했던 KPK악극단의 공연 경험을, 〈노란 샤쓰의 사나이〉를 비롯해 수많은 히트곡을 작곡했던 손석우 선생은 이렇게 이야기합니다.

손석우(작곡가) 저 지아이(GI)들이 그거 보면 원더풀 아니에요? 로칼 칼라에 말이야, 의상에다가 그거, 이 율동에다가, 그 저 이 장단에다가, 그것만 봐도 원더풀인데, 그걸로 끝나지 않고, 그 허구 나서 '쿵닥닥 뿌까뿌까 쿵닥닥 뿌까뿌까 쿵' 뭐냐하면은, 토미 도시의 슬라이 트롬본의 〈송 오브 인디아〉가 있거든. 림스키 코르사코프의 〈송 오브 인디아〉에서 그걸 따다가 스윙으로 어레인지 해가지고 하는 레파토리가 있어요. 그 유명합니다. 아주 히트한 거. 맨 처음에 트론본으로 '흐으으으을' 그 〈송 오브 인디아〉 테마가 쭉 나와요. 그걸 나중에 그 KPK 송민영이가 그걸 그 제대로 잘 했지만요, 그 승무가 끝나지 않고, 승무 다 춤추고 나서는 '쿵쿠쿵 쿵' 하면서 드럼 솔로가 네 소절 들어가는데, 이거

〈노란 샤쓰의 사나이〉
가 수록된 손석우 작곡
집 앨범(1961) 자켓

하고 오바랍(overlap)해서 재즈 밴드의 드러머가 네 소절 같이 들
어가거든요. 같이 들어간 다음에는 이제 〈송 오브 인디아〉를 스
윙으로 싹 바꾸어가지고 '뿌부부우' 인제 송민영이가 이제 나와
가지고 그걸 붑니다. 지아이들이 열광을 합니다! 그냥, 그거 보
고 있다가…

구술자료 「손석우」(손석우 구술, 신현준 채록연구, 한국문화예술진흥원, 2004) 중에서

와, 공연 얘기는 듣기만 해도 흥이 납니다. 그런데요, 지금 말씀
하시는 이런 음악이, 음반으로는 하나도 남아있지 않습니다. 방송
에서도 들어볼 수 없었던 것은 물론이고요. 그때만 해도 대중성 있
는 음악이 아니었으니까요. 이건 오로지 이것을 보고 열광해주는
관객 앞에서만 시도해볼 수 있었던 음악이었고, 그 공연 무대는 바
로 미군 무대였습니다.

외국군의 점령지 용산

슈샨 슈샨보이 슈산 슈샨보이

슈슈슈슈 슈샨보이 슈슈슈슈 슈샨보이

헬로 슈샤인 헬로 슈샤인

구두를 닦으세요 구두를 닦으세요 구두를 닦으세요

아무리 피난통에 허둥거려도 구두 하나 깨끗하게 못 닦으시는

주변 없고 배짱 없는 고림보 샌님은

요사이 아가씨는 노 노 노 노굿이래요

박단마 〈슈샨보이〉 (이서구 작사, 손목인 작곡, 1954)

1970년대 용산 일대

박단마의 재즈풍의 노래 〈슈샨 보이〉입니다. 이렇게 슬슬 우리 안으로도 들어오고 있던 미국풍 대중음악을, 아주 고강도로 훈련해 볼 수 있었던 곳, 그래서 미국과 서구의 최신 대중음악이 직수입되던 가장 중요한 통로가 미8군 밤무대였던 거죠. 바로 용산과 이태원입니다.

해방촌. 6·25 전쟁 때 월남한 집 없는 피난민들이 남산 남서쪽에 둥지를 꾸린 마을 이름입니다. 동네 이름은 후암동이지만, 판잣집이 다닥다닥 붙어있던 산동네는 지금도 해방촌이란 이름으로 더 많이 불립니다. 그곳에서 남산 따라 더 남동쪽으로 내려오면, 바로 이태원입니다. 이태원의 바로 아래가 용산 미군 기지죠. 지금 우리는 용산을 해방 후 미군 기지로만 기억하고 있습니다만, 사실, 그 역사는 깊습니다.

박희(서울향토사학자) 용산과 이태원은 역사적으로 외국군의 점령지였습니다. 임진왜란 때 일본군이 진을 쳤다가, 명나라가 또 진을 친 곳이었고요, 병자호란 때는 청이 본부를 치던 곳이고, 일제 강점기는 일본군, 해방 후에는 미군 부대 주둔지가 됐죠. 즉 외국 세력의 점령지로서 아픈 역사를 지닌 곳입니다. 그런데 지금은 이런 역사를 거쳐 도리어 가장 국제화된 지역이 된 거죠. 몇 십 년 전만 해도 이태원에 한글 간판이 거의 안 보였어요.

해방 직후에는 미8군 본부는 일본에 있었습니다. 6·25 전쟁을 계기로 미8군의 본부는 대한민국 서울의 용산으로 옮겨옵니다. 이제 이곳은 미국 국방부의 동아시아 전력의 핵심 지역이 된 거죠. 그만큼 많은 미군들이 상주하고 있는 곳이었습니다. 사람 사는 곳에는, 당연히 문화와 노래가 필요합니다. 그렇다고 미국 가수들을 한국 땅에 데려올 수 없는 노릇이니, 한국 가수들이 그 역할을 해줄 수밖에 없는 거죠.

패티 페이지와 패티김

We were waltzing together to a dreamy melody

When they called out, Changing partners (하략)

패티 페이지 〈체인징 파트너〉

1950년대 유명했던 가수 패티 페이지의 〈체인징 파트너〉입니다. 그런데 가만히 생각해 보면, 한국의 어떤 가수 목소리를 닮았습니다. 아니 그 가수가 패티 페이지 목소리를 닮았다고 해야 하나요? 누굴까요?

새파란 수평선 흰 구름 흐르네

오늘도 즐거워라 조개잡이 가는 처녀들 (하략)

패티김 〈진주조개잡이〉

이름조차 패티입니다. 패티김의 〈진주조개잡이〉인데요, 정말 목소리가 비슷하죠? 자, 그럼 이 목소리는 누굴까요?

Siempre que te pregunto

Que cuándo cómo y dónde

Tú siempre me respondes

Quizás, quizás, quizás (하략)

냇 킹 콜 〈키사스 키사스 키사스〉

흑인 가수로 백인적 감수성을 노래한 냇 킹 콜의 〈키사스 키사스 키사스〉입니다. 그런데 이 목소리와 닮지 않았나요?

사랑은 나의 행복 사랑은 나의 불행

사랑하는 내 마음은 빛과 그리고 그림자

그대 눈동자 태양처럼 빛날때

나는 그대의 어두운 그림자 (하략)

최희준 〈빛과 그림자〉 (길옥윤 작사 · 작곡, 1966)

한국의 냇 킹 콜이라 불렸던 최희준의 〈빛과 그림자〉입니다.

쥐구멍도 볕들 날 있소 하 하 하 하

돈 없다 괄세 마오 무정한 아가씨

캄캄한 쥐구멍도 볕들 날 있소

김상국 〈쥐구멍에도 볕들 날 있다〉 (전우 작사, 김인배 작곡, 1965)

와, 이건 누구일까요? 아니, 한국 가수가 이런 목소리를 낼 수 있
는 걸까 싶죠? 김상국이 1965년에 노래한 〈쥐구멍에도 볕들 날 있
다〉입니다. 당연히 누군가의 목소리가 떠오르시죠?

Hello, darling it's this luis, darling

It's so nice to be back home where I belong (하략)

루이 암스트롱 〈헬로 달링〉

지금 들으신 패티김, 최희준, 김상국, 세 분의 노래가 모두 1960년
대 노래입니다. 모두 미8군 밤무대 활동으로 가수 활동을 시작했

미8군 무대에서
노래하던 한명숙

144

다는 공통점이 있죠. 〈노란 샤쓰의 사나이〉를 부른 가수 한명숙 씨 그리고 성공회대 양재영 교수의 얘깁니다.

한명숙(가수) 그때 6개월마다 오디션을 봤는데, 그만큼 열심히 밤 새고 하거든. 필링은 미국 물을 먹었기 땜에 좋지. 노래들이 멋있 지. 그렇게 해서 다 유명해지지. 그러면서 유명한 가수가 된 거 죠. 미8군 무대 나온 사람은 그래서 함부로 무시 못해요. 그만큼 실력 있고 그만큼 공부했기 땜에. 현미가 지금도, 내가 무대에서 패티 페이지랑 똑같이 노래를 불렀다고 그 얘기해요. (노래로) I went to your wedding. Although I was dreading The thought of losing you…

(한명숙 목소리에 이어서)
The organ was playing
My poor heart kept saying
My dreams my dreams are through (하략)
페티 페이지 〈아이 웬트 투 유어 웨딩〉

미8군 무대의 힘

양재영(성공회대 교수) 미8군 무대에 섰다는 것은 당시 아주 좋은 이력서 역할을 하는 거였죠. 미8군 무대가 미국식 대중음악을 경험하는 최상의 공간이었고 거기서 활동했다는 것만으로도 아 한국에서 대중음악을 제대로 할 수 있는 사람이구나 하는 생각을 하게 했죠. 당연히 음악을 하고 싶어 하는 사람들은 거기 들어갔다가 흘러나오는 거였고요. 1960년대 이후 처음으로 공중파 텔레비전 방송 생기고 스타가 필요한 시기에 그들이 초기 가요 시장을 주도할 수밖에 없었습니다.

1960년대 말, 1970년대 초까지도 미군 대상 무대의 힘은 유지되었습니다. 1969년에 무작정 가출해서 음악을 시작한 조용필 씨는 지방의 미군 부대 클럽을 돌아다니며 기타를 연주했고, 세시봉에서 활동하던 조영남 씨도 기획사 화양 소속으로 서울의 미8군 무대에 서게 되니까요. 조영남 씨는 미8군 무대가 당시 가수들을 끌어들였던 힘을 이렇게 회상합니다.

조영남(가수) 무조건 카피하기 시작한 거야, 서양음악을. (노래로) '1·4 후퇴 때 피난 내려와…' 이거부터 다 카피한 거야. 물레방아 인생 (노래로) '짝짝짝짠 짝짝짝짠 부릉딴딴딴딴 세상만사 둥글둥글…' 이런 걸 내가 다 우리 노래인 것처럼 부른 이유는 '짠짠짠…' 이 전주가 우리나라 작곡가는 따라갈 수 없을 만큼 이미 멋있었기 때문에. 햐, 문화의 산실이었지. 눈이 확 돌지. 그래서 학교 그만두게 된 거에요, 내가.

이런 미8군 무대에서 얼마나 실력을 쌓고 두각을 보이느냐는 아주 중요한 일이었죠. 그렇게 모여든 가수들이 미8군 무대에서 부른 음악은 1960년대 우리 대중가요에 새로운 흐름을 만들어놓습니다.

조영남(가수) 미8군이란 거는 문화의 이동·전이 역할을 한 거였어요. 일본 치하에서 형성된 트로트 뽕짝, 당시 이런 거밖에 없었는데, 미군이 들어오면서 서양 문화로 대체되기 시작한 시점이었던 거죠. 우리는 웨스턴적이지. 트로트와 각을 달리해서 갔지. 그래서 생긴 양대 세력이 트로트와 팝. 우리가 기존의 트로트의 벽을 비집고 새로운 양식인 팝이란 걸 가지고 그만한 세력을 만들어낸 거지. 그만큼 위력이 있던 장소야, 미8군 쇼라는 게.

당신 생각에 잠 못 이룰 때
그리운 이 마음 길을 떠난다
어디선가 들려오는 노래가 있어
이 마음은 길을 떠난다
저 하늘 아득한 곳에 작은 별 하나가
나를 나를 부르네
어디선가 들려오는 노래가 있어
이 마음은 길을 떠난다
님이여 님이여 다시 만날 그날을
기다린 그리운 이 마음

어디선가 들려오는 노래가 있어

이 마음은 길을 떠난다

이 마음은 먼 길을 떠나네

조용필 〈님이여〉 (지명길 작사, 외국 곡, 1976)

잘 알려진 조용필의 〈님이여〉, 〈Lead me on〉입니다. 이건 인기
가수가 된 후에 녹음한 성숙한 목소리인데요, 여태까지 잘 알려지
지 않은 1972년 음반, 그러니까 무명 시절 조용필의 스물두 살 앳
된 목소리를 들어보실래요?

당신 생각에 잠 못 이루면 그리운 이 마음을 어이 달래리

후회 없이 떠난다는 말을 못하고 영원히 떠나버렸네

1972년 김트리오
로 활동하던 조용
필은 모습도 앳되
고 젊다

이 밤도 외로운 나그네 길 쓸쓸히 그쳐 버렸네

미련도 없이 떠난다는 말을 못하고 영원히 떠나버렸네

님이여 님이여 가슴 깊이 새겨진 당신의 그 이름

후회 없이 떠난다는 말을 못하고 영원히 떠나버렸네

우우우 우우우우 내 마음의 님이여

조용필 〈님이여〉 (조용필 작사, 외국 곡, 1972)

이게 정말 조용필 맞나 싶을 정도로 목소리가 가늘고 앳되네요. 하지만 역시 잘 부르죠? 기타리스트 조용필이, 경기도 광주 한 미군 클럽에서 이 노래 〈리드 미 온〉을 부르게 되면서 가수의 길을 걷기 시작했습니다. 그때 미군 클럽에서 이만큼 불렀으니, 선배들의 눈에 든 거고요. 이제 고인이 된 타악 연주자 김대환의 팀에 들어가 소공동 레인보우 클럽에서 일하게 되고, 음반도 내게 됩니다.

그러니 미군 클럽에서의 활동은, 새로운 시작이라는 점에서 중요했습니다. 미군 부대의 중심인 용산과 이태원 기지촌은 그런 의미에서 미국의 새로운 대중음악 흐름을 받아들이고 훈련하는 통로였던 거죠. 당시 한국의 대중들에게 당장 인기를 얻을 수는 없지만, 몇 년 후면 한국인들도 마음을 열게 될 그런 경향들을, 미리 배우고 익히는 곳이었던 겁니다.

문화적 해방구
이태원

강남의 청소년들, 이태원으로

한국 속의 미국, 이태원. 70년대 중후반을 거치며 이제 꼭 미군
클럽을 통해서만 새로운 대중음악 조류를 배울 시대는 이미 지났
습니다. 하지만 여전히, 한국의 일반 대중들에게 낯선 미국의 최첨
단 인기 문화를 접할 수 있는 곳은, 한국 속 미국, 이태원이었습니
다. 한국의 평균과 상식에서 벗어난 일탈과 실험이 가능했던 곳, 바
로 문화의 해방구였던 거죠.

정병호(한양대 교수, 글로벌다문화연구원장) 나도 이태원에 가서 옷
을 사야 했어요. 체구가 큰 편이라. 왕발, 키 큰 사람, 뚱뚱한 사
람들은 이태원에서 옷을 샀죠. 그런 연장선상에서 한국의 획일

화된 표준 강압에 대한 일종의 해방구가, 미군의 정치적·문화적 치외법권 지대였던 이태원이었던 거고, 그 틈새에서 이태원이 문화적 해방 공간 역할을 당시 해줬던 거죠. 지금도 사람들과 좀 다른 특별한 취향을 가진 사람들이 그런 취향을 발산하고도 사람들의 눈총을 받지 않거나 압력을 받지 않고 편안히 있을 수 있는 공간으로 이태원을 찾는 거죠.

(명희는 덕배를 이태원 클럽으로 데리고 들어간다. 클럽에서는 번쩍이는 조명 아래에서 외국인과 내국이 뒤섞여 춤을 추고 있다.)
명희 우리 춤춰요. 자, 아무렇게나 춰요!
영화 〈바람 불어 좋은 날〉 (이장호 감독, 1980) 중에서

안성기 씨가 성인 연기자로 새롭게 탄생하게 된 〈바람 불어 좋은 날〉에서, 말죽거리의 부잣집 딸, 유지인 씨가 연기했죠. 그 부잣집 딸이 시골뜨기 중국집 배달부 안성기를 장난으로 유혹합니다. 그리고 이태원의 클럽에 데리고 가고, 생전 처음 보는 별천지에서 중국집 배달부는 눈이 휘둥그레지지요. 영화를 만든 이장호 감독입니다.

이장호(영화감독) 왜 하필 그 장면에서 이태원 클럽으로 갔는가 하면, 시골에서 올라온 청년에게 가장 이색적인 공간, 농촌 총각을 가장 촌놈으로 만들 수 있는 곳이 당시 이태원이었으니까. 심지어 서울 사람에게도 뭔가 낯설고 이국적인 공간이 이태원이었

1980년대 이태
원 거리의 불빛
은 화려하다

어요. 시골뜨기에게 가장 희한한 별천지, 도시에서 눈 좀 뜬 사
람만 가던 엉뚱한 이국적 공간이 그 당시엔 이태원이었죠.

바로 그 시절, 강북의 중산층과 부자들이 강남으로 모이기 시작했
습니다. 그리고 강남의 부유한 청소년들, 그중 '최첨단으로 논다' 하
는 애들은 한남대교를 건너 이태원으로 모이기 시작했습니다. 국내
에선 접하기 힘든 미국의 실시간 인기 음악을 맛볼 수 있던 이태원.
그곳은 동시에 미군의 치외법권 지대라는 이유로 뭔가 검열과 제지
가 미치지 않는 독특한 자유로움이 느껴지는 곳이기도 했습니다.

임진모(대중음악평론가) 이태원은 유행의 선두 위치에 서 있었어
요. 당시 '빽판' 사러가는 곳, 검열의 시대에 제대로 음악을 듣고
접하려면 가장 빠르고 좋은 곳이 이태원이었어요. 문화적으로

해방구적 느낌이 있었죠. 이태원은 서구문화와 한국문화가 융합되는 첫 지점, 그러니까 이태원은 문화적인 선두이면서 우리 문화소비자들에게는 해방구적 역할을 했던 거예요. 검열도 없고 제지도 없고 진풍경도 확인할 수 있었던 곳이었으니까. 1980년대 중반에서 1990년대 초반까지도 젊은이들이 대중적으로 유행을 확인하는 곳이 바로 이태원이었습니다.

신대철, 김도균, 김태원, 1980년대 '기타 지존'들

피곤이 몰아치는 기나긴 오후 지나
집으로 달려가는 마음은 어떠한가
지하철 기다리며 들리는 음악은
지루한 하루 건너 내일을 생각하네
대문을 활짝 열고 노래를 불러보니
어느새 피곤마저 사라져 버렸네
크게 라디오를 켜고 함께 따라 해요
크게 라디오를 켜고 함께 노래해요
시나위 〈크게 라디오를 켜고〉 (강종수 작사, 신대철 작곡, 1986)

1986년 첫 음반을 낸 시나위의 〈크게 라디오를 켜고〉입니다. 당시 방송은 물론이고 일반에도 헤비메탈이 낯설었던 시기, 강남에 신대철, 강북에 김태원, 이태원의 김도균, 이런 식으로, 그 또래의

시나위 Circus 앨범 자켓

'기타 지존'들이 나타났습니다. 1980년대 강력한 사운드의 록음악 전성기, 그 중심에는 다른 곳엔 없던 전문 라이브 공연장이나 클럽들이 속속 들어섰던 이태원이 있었습니다. 이태원의 '기타 지존' 백두산의 김도균이 생각하는 1980년대 이태원은 어떤 곳이었을까요?

김도균(백두산 멤버) 당시 제가 20대 초반이었는데 서울 시내를 걸어 다니면 100명이면 100명 다 나를 쳐다봤어요. 머리가 길고 희한해 보인다고 힐끔힐끔. 하지만 안 그런 곳이 한 군데 있었던 게 바로 이태원이었죠. 메탈 가수로서 별나 보이는 옷차림이나 헤어스타일도 이태원에서는 특별한 것이 아니었거든요. 이태원만이 내 문화적인 탈출구가 돼 줬던 거죠. 백두산, 시나위, 부활의 음악도 돌이켜보면 이태원 없이는 나올 수 없는 노래였습니다. 20대 초반에 같이 이태원에서 거닐고 교류하며 만들어진 노래들이었으니까.

한국 랩댄스뮤직의 고향, 문나이트

가죽 바지에 긴 머리를 풀어헤치고 다녀도 '뻘쭘하지' 않은 곳, 헤비메탈 가수 김도균에게 이태원은 그런 곳이었습니다. 비주류 문화의 인큐베이터 이태원. 1980년대 말 우리에게 낯설었던 비주류 음악, 흑인들의 랩과 힙합이 우리 가요와 만나던 지점도 그래서 이태원이었습니다.

안개 빛 조명은 흐트러진 내 몸을 감싸고
술에 취해 비틀거리는 나의모습 이제는 싫어
뽀얀 담배 연기 화려한 차림 속에 거울로 비쳐오는
초라한 나의 모습 변화된 생활 속에
나만의 너는 너는 너는 잊혀져가고
연인들의 열기 속에 흔들리는 촛불마저
나를 처량하게 만드는 것만 같아 견딜 수 없어
싸늘한 밤거리를 걷다가 무거워진 내 발걸음
흐린 기억 속의 그대 그대 그대 모습을 사랑하고 싶지만
돌아서 버린 너였기에 멀어져 버린 너였기에

소중한 기억 속으로 접어들고 싶어

흘러가는 시간 속에 속에 나만의 모습 찾을 수가 없어 없어

흐트러진 나의 마음 무질서한 공간에서

슬픔에 찬 나의 마음 이젠 이젠 이젠 이젠 잊고 싶어

내 곁에 있어줄 수 없나 왜

내 마음 모두 남겨 버린 채 내 곁에서 멀리 떠나가 버린

흐린 기억 속에 그대 모습 떠올리고 있네

하 하루 지나고 지나도 왜 너를 잊을 수가 없는가

내 곁에서 멀리 떠나가 버린

흐린 기억 속의 그대 모습 떠올리고 있네

현진영 〈흐린 기억 속의 그대〉 (이탁 작사·작곡, 1992)

힙합 음악의 대중화를 이야기할 때 빼놓을 수 없는 노래죠. 현진영의 〈흐린 기억 속의 그대〉. 1980년대 말 이태원 클럽에서 춤으로 명성을 날리던 현진영은, 어린 시절부터 이태원에서 흑인 친구들과 어울리며 힙합과 랩을 접합니다. 그리고 SM엔터테인먼트가 키운 제1호 가수가 되죠. 발탁된 장소도 물론 이태원이었고요.

현진영을 포함해 90년대 우리 대중가요를 평정한 춤꾼들이 배출된 곳, 그곳은 바로 이태원의 댄스클럽 문나이트였습니다. 서태지와 아이들의 이주노·양현석, 듀스의 이현도·김성재, 클론의 강원래·구준엽 등의 내로라하는 춤꾼들이 이곳에서 춤을 즐기고 겨뤘죠.

그들이 즐기던 스트리트댄스 그리고 힙합과 랩은 1980년대 말까지도 우리 가요에서 낯선 흑인 음악 장르였습니다. 하지만, 이 비주류 음악은 이태원 클럽에서 몸을 만든 뒤 세상으로 나와, 90년대 우리 대중가요를 평정합니다. 그 선두에 섰던 듀스, 그 출발은 현진영과 와와의 댄서였어요. 듀스의 이현도 씨는 당시를 이렇게 기억합니다.

나를 돌아봐 그대 나를
너의 맘속엔 내가 없지만
나를 돌아봐 나는 지금 널 그리며 서 있어 (하략)
듀스 〈나를 돌아봐〉 (이현도 작사·작곡, 1993)

이현도(가수) 당시는 흑인음악 마니아들이 드물고 특별했던 시절이었어요. 그때만 해도 랩이라는 장르에 그래미상(Grammy Award)이 지정된 지 얼마 안 됐던 때예요. 그 당시에 우리는 그렇게 춤을 추고 음악을 듣고 있었어요. 그런데 뉴욕에서 댄서였던 흑인 친구가 군대에 가게 돼서 우리나라로 지원해서 오게 됐어요. 그 친구가 심심하고 좀 쑤시니까 문나이트로 찾아와서, 우리나라 애들이랑 우르르 어울려서… 그야말로 불모지에서 오아시스 같은 존재였어요. 그때 춤 좀 춘다는 흑인들과 그걸 연습하고 추앙하던 이들, 전문 댄서들이 그때 다 모였어요. 약속이나 한 듯이. 문나이트라는 흑인댄스 마니아 클럽에서 흑인음악을 접한 뮤지션들이 1990년대 우리 인기 랩댄스가요들을 만들어냈다고 보면 돼요. 듀스도 그랬습니다. 1990년대 손꼽을 유명한 댄스가수나 댄서들은 다 그곳 출신이었다고 보면 돼요. 그때 제일 춤 못 춘다고 했던 친구들이 노이즈랑 잼이었어요. 제 후배와 친군데 제 개인적으로는. 그 친구들마저도 문나이트에서 영향을 많이 받아서 그 요소를 접목시켜서 1990년대 큰 인기를 끌었죠.

이태원에서 브레이크댄스의 1인자로 불리던 이가 인순이와 리듬터치, 박남정과 프렌즈 등에서 활동하며 비보이 1세대로 활약한 이주노였습니다. 이주노와 함께 '춤꾼의 메카' 이태원 문나이트 클럽을 주름잡던 양현석은 힙합 댄스의 대가였구요. 이 두 춤꾼이 역시 이태원에서 연습하던 한 가수를 만나 1990년대 대중음악의 새로운 시작을 열어젖힙니다.

난 알아요 이 밤이 흐르고 흐르면
누군가가 나를 떠나버려야 한다는
그 사실을 그 이유를 이제는 나도 알 수가 알 수가 있어요
사랑을 한다는 말은 못 했어
어쨌거나 지금은 너무 늦어버렸어
그때 나는 무얼 하고 있었나 그 미소는 너무 아름다웠어
난 정말 그대 그대만을 좋아했어
나에게 이런 슬픔 안겨 주는 그대여
제발 이별만은 말하지 말아요

나에겐 오직 그대만이 전부였잖아

오 그대여 가지 마세요 나를 정말 떠나 가나요

오 그대여 가지 마세요 나는 지금 울잖아요

난 알아요 이 밤이 흐르면 요

그대 떠나는 모습 뒤로 하고 마지막 키스에 슬픈 마음

정말 떠나는가

사랑을 하고 싶어 너의 모든 향기

내 몸 속에 젖어 있는 너의 많은 숨결

그 미소 그 눈물 그 알 수 없는 마음 그대 마음

그리고 또 마음 그대 마음

서태지와 아이들 1집
앨범 자켓

그 어렵다는 편지는 쓰지 않아도 돼

너의 진실한 모습을 바라보고 있어요

아직도 마음속엔 내가 있나요 나는 그대의 영원한 (하략)

서태지와 아이들 〈난 알아요〉 (서태지 작사·작곡, 1992)

서태지와 아이들의 〈난 알아요〉, 이 노래가 처음 나온 당시까지만 해도 아직은 낯설었던 음악과 춤이었기에 텔레비전 첫 방송에서 기성 평론가들에게 엄청나게 비판받았던 사건, 지금은 전설처럼 이야기되고 있습니다. 메탈부터 팝까지 여러 장르를 묘하게 잘라 붙인 서태지의 음악, 그리고 회오리바람처럼 추는 이주노·양현석의 춤은, 순식간에 전국 청소년들을 휘어잡았습니다. 이런 걸 도대체 어디서 배우고 연습했겠습니까? 새로운 음악의 인큐베이터, 해방구 이태원이었죠. 성공회대 양재영 교수입니다.

양재영(성공회대 교수) 힙합과 랩, 스트리트댄스 등의 비주류 장르가 기존의 주류를 뒤집고 휩쓸기까지 몸을 만든 곳이 이태원이었던 거죠. 1990년대 우리 대중가요의 주류이자 아이돌 음악의 시작인 랩댄스는 비주류 힙합 흑인음악에서 비롯됐고 이 비주류 음악을 우리 식으로 소화한 곳이 이태원이었습니다. 결국 이태원은 1990년대 우리 대중가요 주류 음악의 근원지라고 할 수 있죠.

우려스러운 해방구

신사숙녀 여러분 더 이상의 음악은 없다

더 이상의 댄스도 없다

그들이 돌아왔다 UV

요즘 심심할 때 뭐해 따분할 땐 뭐해 어디서 시간 때우나

강남 너무 사람 많아 홍대 사람 많아 신촌은 뭔가 부족해

다 알려주겠어 다 말해주겠어 새로운 세상 그곳을 말해봐

음악이 있어 또 사랑도 있어 세계가 있어 나에게 말해줘

배달하는 집배원 물건 파는 판매원 기타 치는 김태원

모두 모여 이태원 이태원 프리덤 저 찬란한 불빛 오

이태원 프리덤 젊음이 가득한 세상 이태원 프리덤 (하략)

UV 〈이태원 프리덤〉 (방시혁·유세윤·뮤지 작사, 유세윤·뮤지 작곡, 2011)

UV가 부르는 〈이태원 프리덤〉이에요. 지금까지도 이태원은 뭔가 새로운 세상, 다른 세계가 있는 곳으로 노래 불리고 있네요.

그러나 이태원에 대한 사람들의 시선은 다소 복잡했습니다. 이태원에 모이는 젊은이들의 성적 문란함을 적나라하게 기록한 르포가 베스트셀러가 되기도 했고요. 한국의 상식을 벗어날 수 있는 해방구였지만, 바로 그 이유에서 그곳은 상식에서 보자면 크게 우려스러운 곳이기도 했어요.

재미난 세상을 보려면 안경을 쓰라길래

온종일 엄마를 졸라 예쁜 안경 써본다네

보이는 모든 것들은 아마도 멋질 거야

설레는 마음을 달래며 세상 구경 떠나자

못난이 돼지를 잡아서 목돈을 마련했지

울 언니 잘 돌아 다니는 이태원에 구경 가자

얼마나 좋은 세상일까 아끼던 하얀 신을 신어 보고

예쁜 내 안경을 쓰고 보니 오늘 구경 정말 멋질 거야

어둠이 깊어가는 이태원에 언니 오빠 너무 많아

이렇게 시끄런 곳에도 대학교가 있는가봐

요란한 집들 속엔 언니 오빠 모두 꽉꽉 들어찼네

노래를 찾는사람들 공연 포스터

시끄런 음악 소리 쿵쿵 쾅쾅 땀 흘리는 살찐 오빠

건너편 술 잘먹는 저 언니는 담배까지 물고 있네

이태원 언니 오빠들은 공부 아마 못할 거야

이태원이란 이런 델까 춤추고 술 마시고 어지러워

이태원이란 이런 델까 시끄럽고 정말 어지러워 (하략)

노래를 찾는 사람들 〈이태원 이야기〉 (변승욱 작사 · 작곡, 1990)

　　노래를 찾는 사람들의 〈이태원 이야기〉에서처럼, 보통 사람들은 깜짝 놀랄 만큼 이상한 동네였던 거죠. 그러나 그 우려스러운 해방구 같은 공간 덕분에, 그곳은 여의도 방송가에서는 전혀 지지할 수 없었던 음악들이 생겨나고 공연될 수 있었습니다.

80년대 언더그라운드의
메카, 신촌

대학가에서 부는 새 바람

미군 클럽 무대가 한국 대중음악계에서 지니는 위상이 최고조였던 때는 1960년대였습니다. 그럼 1970년대부터 그곳은, 중요한 인큐베이터의 하나이긴 했지만 유일한 곳은 아니게 된 것이죠. 도대체 상황이 어떻게 달라진 걸까요?

이백천(사회자, 대중음악평론가·PD) 언제부턴지 포크 싱어가 나타나기 시작하면서 노래를 그냥 즐거움으로 듣는 게 아니라 생각하면서 듣게 됐습니다. 이번에 소개해드릴 가수는 서유석 군입니다. 조영남 군, 트윈폴리오가 있고 난 뒤에 본격적으로 자기 가사를 자기가 다듬어서 부르기 시작한 가수는 국내에선 서유석 군이

제일 먼저라고 생각합니다. 환영해 주십시오!

(서유석, 〈타박네〉를 노래한다.)
타박타박 타박네야 어드메 울고 가니
우리 엄마 무덤가에 젖 먹으러 찾아간다 (하략)
실황 음반 『맷돌』 중에서

이수만(사회자, 가수) 서울대학교 농과대학에 재학 중인 5명으로
이뤄진 그룹사운드죠. 그룹사운드 샌드페블즈의 노래 듣겠습니다.
〈나 어떡해〉!

(샌드페블즈, 〈나 어떡해〉를 노래한다.)
나 어떡해 너 갑자기 가버리면
나 어떡해 너를 잃고 살아갈까
나 어떡해 너를 두고 떠나가면
그건 안돼 정말 안돼 가지마라 (하략)
실황 음반 『제1회 MBC 대학가요제 1집』 중에서

지금은 SM 사장님이신 이수만 씨가 대학가요제 사회를 보던 모
습, 지금 목소리만 들어도 기억에 생생합니다. 이 앞에 들으신 것
은, '맷돌'이라는 대학생 중심의 포크 모임이 1972년 국립극장 공연
했을 때의 실황입니다. 기타 한 대 소박한 반주에 실린 서유석의 청

년 시절 목소리, 기타 줄이 마구 늘어지는데도 그저 열정적으로 노래하는 대학생 밴드 샌드페블즈.

1970년대의 이 새로운 흐름은 미군 클럽 무대와는 무관한 것들이었습니다. 1970년대 대중가요계의 새 바람은, 바로 대학가에서 불어오고 있었습니다. 맷돌이나 대학가요제처럼 신문사와 방송국이 나서서 이들을 모아 공연을 개최하는 것도, 이게 시쳇말로 '뜨는' 흐름이었기 때문이지요. 이제 대중음악계의 블루오션은 대학가가 됐습니다.

신촌의 자유로움

한대수(가수) 신촌은 말하자면 언더그라운드고요, 1970년대, 막걸리 한 잔 하면서 토론하고, 아주 지적인 분위기였어요. 신촌 분위기는 뭔가 하면, 그 학교들이 미션스쿨, 선교사들이 지은 학교 아닙니까. 그러니 상당히 서양의 영향이 컸죠. 그만큼 LP로 재즈, 블루스 같은 음악들을 빨리 접할 수 있었어요. 문화적으로 활발하고 그만큼 앞서 갔죠.

한대수 씨의 말대로 1970년대부터 대학가인 신촌은 새로운 대중음악의 인큐베이터가 될 조건을 갖추고 있었고, 1980년대 새로운 대중음악의 한 흐름을 만들 수 있었습니다. 이화여대, 연세대, 서강대, 기독교 교단의 세 대학이 모여 있어, 일찌감치 미국식 자유주의와 미국 문화에 개방적이었던 지역이었죠. 게다가 또 하나의 대학, 홍익대는 미술대학이 주도하는 학교였으니, 예술문화가 자리 잡기에는 최적의 곳이었습니다.

> 이젠 모든 것은 끝나고 줄 것도 받을 것도 없는데
> 이젠 모든 것은 끝나고 아무것도 느낄 수 없는데
> 슬픈 노래는 그만 두어요 이젠 울고 싶지 않아요
> 아무 말도 없이 떠나요 아무 말도 없이 떠나요
> 풍선 〈아무 말도 없이 떠나요〉 (이정선 작사·작곡, 1979)

엄인호(가수, 풍선 멤버) 신촌은 굉장히 빨랐어요. 당시에 선교사나 외국인 학생들이 갖고 있던 음악 앨범을 주면서 자연스럽게 서구 문화를 빨리 받아들였죠. 자연발생적으로 히피즘 같은 문화도 생기고. 외국 친구들이 많이 오니까 신촌이란 동네가 자유로운 분위기에 서구적으로 앞서 가게 됐죠.

명동과 무교동이 일종의 전국구였다면, 방금 들은 엄인호 씨의 말대로 신촌은 자유로운 대학가 해방구였습니다. 저도 기억이 나는데요, 제게도 당시 연세대 노천극장과 강의실은 훌륭한 연습장이자 공연장이 되어 주었죠. 이 노래는 엄인호, 이정선, 이광조가 함께 만든 1979년 음반 '풍선'에 실린 〈아무 말도 없이 떠나요〉인데요. 바로 이런 분위기에서 만들어진 거죠.

크리스탈백화점 무대의 들국화 공연

이렇게 사람이 모이다 보니 1970년대부터 라이브 연주를 하는 음악 감상실이 생겼고, 그 흐름이 1980년대로 이어졌습니다. 저도 좋은 팝송을 들으려고 신촌에 드나들기 시작했으니까요. 언더그라운드 음악으로 주류의 대중가요계를 흔든 많은 가수들이 당시 신촌의 거리와 카페를 누볐습니다. 신촌에서 맺은 관계로 동물원을 결성한 김창기 씨는 당시를 이렇게 회상합니다.

김창기(가수) 신촌은 요즘으로 치면 홍대 같은 곳이었어요. 여러 그룹이 있었는데 번화가 쪽은 신촌블루스 같은 록(rock)적이고 하드하고 트렌디한 음악 하면서 맥주 먹는 곳이었고, 우리 같이 포크 음악 하던 이들은 이대와 연대 중간쯤의 조그만 주점들이 아지트였어요. 소주 마시면서 뒷골목에서 기타 들고 우리끼리 만든 노래 부르며 품평 서로 해줬죠. 가장 좋았던 건 신촌에서 본 들국화 공연의 기억이었죠.

나의 과거는 어두웠지만 나의 과거는 힘이 들었지만
그러나 나의 과거를 사랑할 수 있다면
내가 추억의 그림을 그릴 수만 있다면
행진 행진 행진 하는 거야 행진 행진 행진 하는 거야
나의 미래는 항상 밝을 수는 없겠지

나의 미래는 때로는 힘이 들겠지

그러나 비가 내리면 그 비를 맞으며

눈이 내리면 두 팔을 벌릴 거야

행진 행진 행진 하는 거야 행진 행진 행진 하는 거야

난 노래 할 거야 매일 그대와 아침이 밝아올 때까지

행진 행진 행진 하는 거야 (우리는)

행진 (그대와) 행진 행진 하는 거야 (우리는)

행진 (앞으로) 행진 (앞으로) 행진 (앞으로) 하는 거야

행진 행진 행진 하는 거야 행진 행진 행진 하는 거야

들국화 〈행진〉 (전인권 작사 · 작곡, 1985)

들국화 1집 앨범 자켓

그때 들국화의 등장에 충격을 받은 이는 김창기 씨만이 아니었죠. 1985년, 텔레비전 출연 없이, 공연만으로도 음반 100만 장을 팔 수 있다는 것을 보여준 최초의 그룹 들국화의 〈행진〉. 이 음반을 기점으로, 언더그라운드의 활동은 활발해졌습니다. 들국화 전인권 씨는 당시 신촌을 이렇게 기억합니다.

전인권(가수) 신촌은 그 당시 체제에 불만이 많고 그런 사람들이 모이는 곳이었어요. 우리는 비주류 스타일이 주류고, 우리만의 세상이 있고 우리는 우리끼리 먹고 살 수 있다는 주관이 있었어요. 우리는 굳이 방송을 끼고 방송에 얽매이면서 하고 싶지 않았어요. 들국화 1집은 전곡이 방송 금지였어요. '창법 미숙', '가사 치졸' 등으로 해서. 그래서 '그래? 그럼 너네 관둬라. 우린 우리대로 하겠다'고 했는데… 그때 신촌 크리스탈백화점 공연을 기억하는 분들이 참 많아요. 그때 분위기가 참 좋았어요. 나이트클럽을 벗어난, 길들여지지 않은 밴드들이 우리나라에도 있다는 것을 신선하게 여겨줬고 그게 들국화의 시작이었어요.

레드제플린의 신촌블루스

이제 이만큼 아껴뒀으면, 제가 속했던 신촌블루스 이야기를 해도 되겠죠? 1970년대부터 해바라기, 풍선 같은 팀으로 활동했던 이정선, 엄인호, 이광조 같은 분들이 신촌에서 의기투합해서 만든 팀 말예요. 그 근거지가 록카페 '레드제플린'이었습니다. 레드제플린의 터줏대감 엄인호 씨입니다. 제가 부른 노래, 신촌블루스의 〈바람인가〉도 들리고 있네요.

떠나가는 내 마음은 바람인가 잡을 수 없네

저들이 부는 바람처럼 그렇게 가버리네

떠나가는 내 마음은 구름인가 닿을 수 없네

하늘에 높은 구름처럼 그렇게 떠 있네

나도 풍선이 되어 바람 따라 갔으면

높이 하늘 높이로 네 곁에 갔으면

떠나가는 네 마음은 바람인가 잡을 수 없네

저 들에 부는 바람처럼 그렇게 가버리네

비 내리는 거리에서 그대 모습 생각해

이룰 수 없었던 그대와 나의 사랑을 가슴 깊이 생각하네 (하략)

신촌블루스 〈바람인가〉 (엄인호 작사·작곡, 1988)

엄인호(가수) 이름을 짓다보니 '신촌블루스'였는데, 팀 이름 잘 지었다 싶었어요. 우리가 자연스럽게 모인 '신촌'이라는 동네의 자유로운 느낌… '블루스'라는 말의 뉘앙스도 참 좋잖아요. 화려하지 않고 배고프지 않고 낭만적이고 우울하면서도 자연스러운 음악의 느낌… 즉흥적인 연주, 자유로운 연주… 이곳 신촌이란 동네와 블루스 장르도 그에 잘 어울렸고, 당시 히피 문화랑도 잘 맞으면서 만들어진 이름이 신촌블루스였어요.

그래요, 신촌 분위기는 보헤미안적이고 예술가적이고 즉흥적인 그런 분위기였죠. 방송에서 만날 수 없는 음악을 라이브 공연으로 만날 수 있었던 신촌. 1970~80년대 신촌은 라이브 공연장을 중심으로 언더그라운드 밴드 음악과 포크 음악의 산실이 되어 주었습니다.

신촌에서 37분, 백마 화사랑

우리가 한창 신촌블루스를 결성하고 활동할 때, 우리보다 좀 아래인 김창기 씨 또래 포크 가수들은 신촌을 기점으로 또 다른 해방구를 만들어냈더라고요. 옛 신촌역에서 교외선 기차를 타고 가

신촌 블루스 1집 그대 없는 거리 자켓

던 곳, 지금은 경기도 일산의 아파트 숲이 돼 버린 백마, 그곳에 있던 카페 '화사랑'입니다.

첫눈 내리던 지난 겨울날 우린 어디론가 멀리 떠나가고 싶어서

흔들거리는 교외선에 몸을 싣고서 백마라는 작은 마을에 내렸지

아무도 없는 작은 주점에 수많은 촛불들이 우리를 반겼고

너는 아무런 말도 없이 내 품에 안겨서 그렇게 한참을 있었지

이제 우리는 멀리 헤어져 다시 만날 수는 없어도

지는 노을을 받아 맑게 빛나던 너의 눈은 잊을 수 없어

햇살에 눈이 녹듯 그렇게 사랑은 녹아 사라져 가도

그 소중했던 지난날의 기억들은 너도 잊을 순 없을 거야

눈 덮인 논길을 따라서 우린 한참을 걸었지

너는 아무런 말도 없이 내 품에 안겨서 지는 해를 바라보고 있었지

이제 우리는 멀리 헤어져 다시 만날 수는 없어도

지는 노을을 받아 맑게 빛나던 너의 눈은 잊을 수 없어

햇살에 눈이 녹듯 그렇게 사랑은 녹아 사라져 가도

그 소중했던 지난날의 기억들은 너도 잊을 순 없을 거야

오늘도 소리 없이 첫눈이 내려 난 어디론가 멀리 떠나가고 싶어서

흔들거리는 교외선에 몸을 싣고서 백마라는 작은 마을에

동물원 〈백마에서〉 (박기영 작사 · 작곡, 1993)

동물원이 부른 〈백마에서〉예요. 백마 화사랑. 1980년대 젊은 시

절을 보낸 이들이라면 아련한 추억 한 자락쯤 떠오를 만한 이름이
죠. 신촌역에서 매시 10분이면 기차가 출발했었습니다. 정말 잠깐
이긴 하지만 덜컹거리는 비둘기호 타고 전원 속으로 가볼 수 있었
으니, 정말 환상이죠. 게다가 서양화 하시는 주인장이 만들어놓은
예술적 분위기의 카페, 촛불은 타고, 노래는 흐르고. 밤이 되면, 밖
에 나가 금지곡을 고래고래 소리 지르고 노래해도, 아무도 뭐라 하
는 사람 없는 그런 해방구였어요.

강산에(가수) 경기도 백마는 1980년대 초반에는 젊은이들의 메카
였어요. 신촌역에서 시골 여행 느낌이 나는 완행열차 타고 가면,
백마역까지 37분밖에 안 걸려요. 피크 타임에는 기차에서 한 번
에 2천 명 가까이 내렸어요. 그게 1980년대 초중반이었어요. 내
20대 청춘을 지탱해준 것이 그때 화사랑에서 아르바이트 하면서
LP판으로 듣던 음악들이었고… 그게 〈예럴랄라〉 탄생 배경이에요.

예럴랄라 햇살이 부서져 예럴랄라 하늘이 높으다
예럴랄라 평온한 바람이 흘러흘러 시원한 들판을 보았다
풀냄새 참 흙냄새 참 오래간만이네
기분이 좋아 천국 같은 세상이야 야호 나는 살아있네
이런 날엔 혼자라도 불만 없어 답답했던 모든 걱정 잊혀지니
하모니카 입에 물고 예럴랄라
강산에 〈예럴랄라〉 (강산에 작사·작곡, 1992)

가수 데뷔 전 화사랑에서 자신의 음악을 키우고 익힌 강산에 씨의 얘기였어요. 포크, 포크록이 죽지 않고 1990년대 초까지 굳건하게 살아있을 수 있던 건, 신촌역에서 기차로 가던 화사랑 덕이 정말 컸죠. 노래할 수 있는 작은 공간, 참 그거 별 거 아닌 것 같은데, 그게 있어야 음악이 만들어지고 사람이 모입니다. 그리고 그 작은 공간들에서 큰 욕심 부리지 않고 노래 만들고 연주했던 사람들이 전체 대중음악 판을 새롭게 끌고 나갑니다.

소극장과 라이브 문화, 대학로

지금도 마로니에는 피고 있겠지

1980년대 후반에 접어들면서 상황은 또 변해가고 있었습니다. 신촌이 극심한 상업화로 특징을 서서히 잃어가고 정부가 서울의 동편에 문화지구를 새로 조성하면서, 신촌에 있는 음악과 연극 공연장들이 신촌을 하나 둘 떠나기 시작한 겁니다. 이들이 옮겨간 곳은 바로 서울의 대표적인 문화 지구, 대학로였습니다.

루루 루루루루루 루루루 루루루루루
지금도 마로니에는 피고 있겠지 눈물 속에 봄비가 흘러내리듯
임자 잃은 술잔에 어리는 그 얼굴
아 청춘도 사랑도 다 마셔버렸네 그 길에 마로니에 잎이 지던 날

루루 루루루루루루 루루루루 루루루루루루

지금도 마로니에는 피고 있겠지

박건 〈그 사람 이름은 잊었지만〉 (신명순 작사, 김희갑 작곡, 1970)

지금의 서울 동숭동과 혜화동, 이화동, 이곳이 '대학로'로 불린 것
은 이곳에 서울대 문리대, 법대, 의대, 미대가 몰려 있었기 때문입
니다. 지금 남아있는 것은 병원과 함께 있는 의대뿐. 대학로의 중심
이었던 문리대도 본관 건물만 남고 헐렸습니다. 그나마 1929년 경
성제국대학 시절에 심은 마로니에 나무를 남겨놓은 것이, 이곳을
마로니에 공원이란 이름으로 남도록 만들었죠.

그 햇빛 타는 거리에 서면 나는 영원한 자유인일세

그 꿈의 거리에 서면 나는 낭만으로 가득 찰 거야

많은 연인들이 꿈을 나누고 리듬 속에 춤추는 거리

나는 그 거리 거리에서 사랑하는 여인을 만나고 싶어

하늘 향해 외치듯이 내일 위해 노래를 부르고 싶어

우리들의 이야기들은 가슴속에 빛나고 있네

나는 그 거리 거리에서 사랑하는 여인을 만나고 싶어

하늘 향해 외치듯이 내일 위해 노래를 부르고 싶어

많은 연인들이 꿈을 나누고 리듬 속에 춤추는 거리

붉은 석양을 등에 지고 걸어오는 많은 사람들

가로등에 불이 켜지면 불빛 속에서 춤을 출 거야

많은 연인들이 사랑을 하는 만남을 위한 카페 불빛들

타오르는 하늘을 보며 환호하듯 소릴 지르고 싶어

달빛처럼 아름다운 추억을 간직하고 싶어

사랑과 음악이 흐르는 이 밤 이 거리에 나는 서 있네

마로니에 〈동숭로에서〉 (김선민 작사·작곡, 1989)

마로니에의 〈동숭로에서〉가 흐르고 있네요. 마로니에. 이 낯선 이
름의 나무는 프랑스에서 가져다 심었답니다. 그 때문일까요. 문리
대 앞길 작은 도랑물을 학생들은 세느강이라 불렀습니다. 후후. 당
시 대학생들은 그곳을 파리라고 생각하고 싶었던 거죠. 깍두기 안
주에 막걸리 마시면서도 머릿속에는 '파리'가 들어 있었습니다.

1980년대
대학로의
대학생들

대학이 떠난 자리, 연극의 거리가 되다

그런데 이 시절은 1975년, 도심 데모에 지친 정권이 서울대 문리대와 법대를 관악산으로 옮기면서 끝이 납니다. 문리대 건물은 대부분 헐렸습니다.

최창봉(방송인) 서울대학 갔더니 그 멋있는 서울대학을 완전히 다 허물어 버리고 말야. 다, 완전히. 벽돌만 흩어져 있잖아. 김수근 씨에게 전화했지. 마로니에 이, 공간을 이렇게 내까려 둘 순 없단 말야. 꿈을 꾸자, 좀 큰 꿈을 꾸자. 이게 어떤 터냐고, 일본 놈들이 만들었지만 한국 준재(俊才)가 다 여기서 나갔는데 말야. 여기에 고급주택 짓고 빨래나 널고, 장독대에, 그럼 되겠냐고 말야.
구술자료 「최창봉」 (최창봉 구술, 이영미 채록연구, 한국문화예술위원회, 2006) 중에서

한국문예진흥원 초창기 사무총장을 맡은 최창봉 씨의 증언입니다. 그곳을 모두 부수고 택지로 개발될 예정이었다는군요. 그런데 문예진흥원이 그곳에 들어와서 공원과 극장, 미술관 같은 문화시설을 만들도록 밀어붙였고, 1980년대 초 문예회관 대극장과 소극장이 만들어지면서 지금과 같은 연극의 거리가 시작된 거지요.

주인집 할머니 (우는 나영이를 달래니, 나영은 울음을 그치며 억지로라도 웃기 시작한다.) 그래도 말이여, 많이 울지는 마.

(노래로) 빨래가 바람에 제 몸을 맡기는 것처럼

인생도 바람에 맡기는 거야 시간이 흘러 흘러 빨래가 마르는 것처럼

슬픈 눈물도 마를 거야 자 힘을 내

뮤지컬 〈빨래〉(명랑시어터 수박극단, 2005) 중에서

대학로의 소리는 이런 것입니다. 같은 대학가라도, 신촌이 미국의 대중문화와 자유주의 분위기였다면, 대학로는 연극하느라 소극장에서 밤을 지새는 꼬질꼬질한 연극인들의 진지한 분위기, 그리고 흥사단 강당이 있는 대학로 앞길에 모여들어 집회와 차 없는 거리를 만끽하는 민족주의적인 젊은이들의 열기 같은 것이 지배했습니다. 대중음악평론가 최지선 씨 말입니다.

최지선(대중음악평론가) 대학로가 1980년대 관 주도의 문화특구에서 대학생들의 문화공연을 곁들인 정치적 집회를 하던 공간을 거치면서 젊은이들의 거리로 재탄생됩니다. 게다가 1980년대에 계속 증가한 소극장들은, 언더그라운드들이 공연할 수 있는 장소가 됐죠. 샘터파랑새극장은 들국화 장기 공연의 거점이었고, 연우소극장은 노찾사가 공연하는 공간이었습니다.

소극장 장기 공연이 가능한 곳, 대학로

(관객의 박수 소리) 내 머리는 너를 잊은 지 오래

내 발길도 너를 잊은 지 너무도 오래

오직 한 가닥 타는 가슴 속 목마름의 기억이

네 이름을 남몰래 쓴다

타는 목마름으로 타는 목마름으로 민주주의여 만세

김광석 〈타는 목마름으로〉 (김지하 작시, 이성현 작곡)

노래를찾는사람들 출신으로 동물원으로 옮겨갔던 김광석의 주 공연 무대도, 또 그가 이따금 〈타는 목마름으로〉 같은 민중가요를 불렀던 곳도 대학로였습니다. 이곳은 이렇게 뭔가 진보적이고 진지한 해방구의 느낌을 주는 곳이었죠.

음악이 방송의 포로가 된 1990년대 초반에, 음악을 방송의 지배에서 벗어나도록 하려는 시도가 생겨난 것도 대학로였습니다. 당시 대학로 라이브극장 대표였던 이종현 씨의 말입니다.

이종현(소극장 라이브 대표) 과거에는 지금보다는 훨씬 가수들의 주된 활동이 방송이었어요. 방송에 생사여탈권이 있어서 오로지 방송에 목을 맬 수밖에 없었죠. 그렇지 않은 사람들을 언더그라운드라고 표현했죠. 이때 방송에 상대적으로 덜 노출되는 언더그라운드 음악들을 관객들과 만나게 해줄 수 있는 좋은 장소가 대학로였습니다. 방송만을 유일한 음악 활동의 통로로 여겨온 가수들에게 진정한 관객 소통의 장이 돼줬던 거죠. 언더그라운드인 사람들도 좋은 공간에서 안정적으로 공연할 필요가 있어서 당시에는 소극장으로 출발했죠. 200~300석 정도로 가수들이 인기가 있건 없건 어느 정도 관객 동원이 가능한 곳으로.

김창기(가수) 1980년대 후반에는 공연, 하면 대학로였죠. 극장들이 다 거기에 모여 있었고 공연을 보고 싶어 하는 사람들도 대학로에 있었으니까. 공연, 하면 거기였지, 신촌에서는 잘 안 했었죠. 저희 동물원의 첫 공연도 1988년 1월에 샘터파랑새극장에서 했어요. 처음 나온 팀 공연이었는데도 막 꽉꽉 차고⋯

느낀 그대로를 말하고 생각한 그길로만 움직이며
그 누가 뭐라 해도 돌아보지 않으며
내가 가고픈 그곳으로만 가려했지
그리 길지 않은 나의 인생을 혼자 남겨진 거라 생각하며
누군가 손 내밀며 함께 가자 하여도
내가 가고픈 그 곳으로만 고집했지
그러나 너를 알게 된 후 사랑하게 된 후부터
나를 둘러싼 모든 것이 변해가네
나의 길을 가기보단 너와 머물고만 싶네
나를 둘러싼 모든 것이 변해가네
우 너무 쉽게 변해가네 우 너무 빨리 변해가네
우 너무 쉽게 변해가네 우 너무 빨리 변해가네
동물원 〈변해가네〉 (김창기 작사·작곡, 1988)

인디 문화의 부상,
홍대 앞

홍대 앞 펑크카페 드럭

1990년대 중반으로 접어들면서, 대학로도 변해가기 시작합니다. 상업화가 심해지면서 임대료가 비싸졌을 뿐 아니라, 공연장도 연극과 뮤지컬 장르로 특화되면서 대중음악 라이브 콘서트 공간은 찾아볼 수 없게 된 거죠. 바로 그 시기 또 다른 대중음악의 공간이 부상합니다.

그대여 그대여 비가 내려 외로운 날에 그대여
짬뽕을 먹자 그대는 삼선짬뽕 나는 나는 곱빼기 짬뽕
바람 불어 외로운 날에 우리 함께 짬뽕을 먹자
쫄깃한 면발은 우리 사랑 엮어주고

얼큰한 국물은 우하하하 하하하하

짬뽕 짬뽕 짬뽕 짬뽕이 좋아 짬뽕 짬뽕 짬뽕 짬뽕이 좋아

햇살이 쏟아지는 오월 그 어느 날 우리의 사랑은 깨어져 버리고

쏟아지는 외로움에 난 너무 추웠어 떨리는 손으로 수화기를 들고

"짬뽕 하나 갖다 주세요." (하략)

황신혜밴드 〈짬뽕〉 (김형태 작사 · 작곡, 1997)

음악에서도 그곳이 어딘지 느낌이 오죠? 네, 바로 홍대 앞입니다. 듣고 계신 황신혜밴드의 〈짬뽕〉은 홍대 앞 인디음악의 시작을 알리는 음반이었죠. 영국의 펑크를 무조건 모방한 게 아니라는 의미에서 자신의 음악을 '빵꾸록'이니 '조선펑크'니 하기도 했죠. 이 삐딱함, 정말 펑크스러워요. 토요일 저녁, '드럭'과 같은 홍대 클럽에서는 이런 펑크록 공연을 보며 함께 소리 지르고 흔들다가 과열된 관객들이, 길바닥에 큰 대 자로 누워 열기를 식히는 풍경을 종종 볼 수 있었습니다.

인디가 홍대 앞으로 간 까닭은?

홍대 앞 클럽들에서 싹튼 이들 밴드들을 우리는 '인디'라고 불렀습니다. 이전의 언더그라운드가 텔레비전 출연을 하지 않는 데 그쳤다면, 이들은 아예 상업적 음반이나 라디오에조차도 실리기 힘든 파격적인 음악을 고집했죠. 당연히 대학로나 신촌과는 또 다른 색

깔이었습니다. 그런데 인디음악, 왜 하필 홍대 앞이었을까요? 음악
평론가 차우진 씨는 이렇게 설명합니다.

차우진(음악평론가) 홍대가 미술대학으로 특화되면서 홍대 앞이
라는 공간이 예술가나 창작자들에게 좀더 가까운 공간으로 자
리 잡았죠. 그런데 신촌이 대학가 분위기에서 상업성 강한 분위
기로 옮아가면서, 1990년대 초반 신촌에 있던 주점이나 유흥 문
화가 홍대로 유입하게 됩니다. 이런 상황을 학교와 홍대생들이
위협으로 느꼈고 그것을 막기 위해 만든 게 거리미술제예요. 홍
대 미대 학생회에서 주최하고 마포구에서 후원했죠. 그리고 홍
대앞으로 유입되는 유흥 주점이나 상업 문화를 몰아내기 위해
다양한 캠페인을 계속 했어요. 그게 그냥 카페나 클럽들이 복합
문화공간으로 바뀌는 계기가 되기도 했고요. 1990년대 중후반
부터는 예술의 헤게모니가 음악으로 넘어오죠.

세련되면서도 덜 상업화된 공간, 문화적 저항의 기운이 감도는
곳, 예술적 풍취가 있는 대학가. 홍대 앞은 젊은이들의 마음 속 지
도에 그렇게 자리 잡아갔습니다. 그리고 대안음악의 새로운 거점으
로 급부상하게 됩니다.

임진모(음악평론가) 홍대 앞에 음악인들이 모이기 시작한 것은
IMF 이전부터지만, 소비자로서 젊은이들을 이곳으로 불러 모은

결정타는 IMF였어요. IMF로 젊은이들이 기존 체제에 대한 반 감도 커지고, 그 기존 경제체제의 중심에 있던 강남에 대한 이미 지도 다시 갖게 되고, 또 무엇보다 강남에서의 소비에 대한 부담 등이 생겨나면서, 젊은이들이 홍대 앞으로 본격적으로 몰려들기 시작했죠.

살다보면 그런 거지 우후 말은 되지
모두들의 잘못인가 난 모두를 알고 있지 닥쳐
노래하면 잊혀지나 사랑하면 사랑받나
돈 많으면 성공하나 차 있으면 빨리 가지 닥쳐
닥쳐 닥쳐 닥쳐 닥치고 내 말 들어
우리는 달려야 해 바보 놈이 될 순 없어 말달리자
말달리자 말달리자 말달리자 말달리자
크라잉넛 〈말달리자〉 (이상혁 작사, 박윤식·이상면·이상혁·한경록 작곡, 1998)

이상혁 (가수, 크라잉넛 멤버) 저는 1995년에 홍대 왔을 때 딱 반했 어요. 그런 기운이 있었어요. 섹시한 여자 같은 느낌이 있었다고 나 할까? 언젠간 꼬시려고 그러듯이 홍대를 못 벗어나는 느낌. 다른 데는 획일적인 느낌이 있지만, 여기는 음악적으로 실험을 해볼 수 있는 장소라서 밴드들이 태동했던 거 같아요. 그 당시에 는 뭔가 대안이 필요했던 거 같아요. 재미없는 기성 문화에 대해 반항을 하고 싶었어요. 펑크라는 음악 자체가 이쪽 홍대에서는 인기가 많았던 거 같아요. 그래서 〈말달리자〉라는 노래가 나왔고. 클럽에서 공연하는 거 자체가 불법이었거든요. 그래서 몰래 공연을 했어요. 경찰 오는지 망보면서 노래하고, 그러다 걸려서 3개월 영업 정지도 먹고. 그런데도 몰래 하고 그랬어요. 너무 재밌어서. 그때는 정보들이 되게 없었어요. 인터넷도 적고 그러다 보니까. 음악을 듣고 시디 어떻게 하나라도 구하면 돌려 듣고 그랬는데, 지금은 그런 낭만이 좀 없는 거 같아요.

기획사의 상품이길 거부하며

언더그라운드조차도 상업화되고 보수화된다고 우려했던 신세대 젊은이들은 기획사가 만든 댄스뮤직이 상승하는 것을 보며, 그 반작용으로 홍대 앞 인디음악에 관심을 높여갔습니다. 이, 크라잉넛의 〈말달리자〉는 바로 이런 높은 관심으로 방송으로까지 띄워낸 인기곡이었죠.

홍대 앞은 새로운 해방구가 되었습니다. 펑크록만이 아니라, 포크와 팝을 망라한 다양한 수많은 인디밴드, 그리고 더 이상 상업주의에 휘둘리고 싶지 않다고 미국으로 훌쩍 떠났다가 작가가 되어 돌아온 이상은 같은 자작곡 가수까지, 홍대 앞을 자신의 근거지로 삼기 시작했습니다. 가수 강산에도 한창 인기를 모으던 1997년, 대형 엔터테인먼트사와 방송사가 주도하는 주류 음악계의 관행에 회의를 느껴 홍대를 찾아온 가수 중 한 명이었습니다.

강산에(가수) 강남에서 뭘 보게 됐냐면, 스타가 만들어지는 과정을 보게 된 거죠. 내가 보려고 보는 게 아니라 보게 되더라구요. 이건 해도 해도 너무하는 거 아니야, 어린 나이에 굉장히 회의감이 들었어요. 스타는 그야말로 말 그대로 만들어지더라고요. 로비와 파워로써. 대중들은 선택권이 없는… 대형 기획사·방송사들이 스타를 만들어내는 방식에 회의가 들고 혼란이 왔죠. 그래서 레코드사 옮겨서 계약금으로 여기 1997년에 홍대 작업공간을 얻은 거예요. 뭔가 새로운 기운, 다른 장소가 필요했던 거죠. 여태까지 내가 나한테 칭찬하는 거 딱 하나가 바로 여기에 공간 얻은 거예요. 하하.

싸구려 커피를 마신다 미지근해 적잖이 속이 쓰려온다
눅눅한 비닐 장판에 발바닥이 쩍하고 달라붙었다 떨어진다
이제는 아무렇지 않어 바퀴벌레 한 마리쯤 슥 지나가도
무거운 매일 아침엔 다만 그저 약간의 기침이 멈출 생각을 않는다
축축한 이불을 갠다 삐걱대는 문을 열고 밖에 나가 본다
아직 덜 갠 하늘이 너무 가까워 숨 쉬기가 쉽질 않다
수만 번 본 것만 같다 어지러워 쓰러질 정도로 익숙하기만 하다
남은 것도 없이 텅 빈 나를 잠근다
싸구려 커피를 마신다 미지근해 적잖이 속이 쓰려온다
눅눅한 비닐장판에 발바닥이 쩍하고 달라붙었다가 떨어진다
뭐 한 몇 년간 세숫대야에 고여 있는 물마냥

그냥 완전히 썩어가지고

이거는 뭐 감각이 없어

비가 내리면 처마 밑에서 쭈구리고 앉아서 멍하니

그냥 가만히 보다 보면은

이거는 뭔가 아니다 싶어

비가 그쳐도 희꾸무리죽죽한 저게 하늘이라고

머리 위를 뒤덮고 있는 건지

저거는 뭔가 하늘이라고 하기에는 뭔가

너무 낮게 머리카락에 거의 닿게

조금만 뛰어도 정수리를 꿍하고 찧을 것 같은데

벽장 속 제습제는 벌써 꽉 차 있으나 마나

모기 때려 잡다 번진 피가 묻은 거울 볼 때 마다 어우 약간 놀라

제멋대로 구부러진 칫솔 갖다 이빨을 닦다 보면은

잇몸에 피가 나게 닦아도 당최 치석은 빠져 나올 줄을 몰라

언제 땄는지도 모르는 미지근한 콜라가 담긴 캔을

입에 가져가 한 모금 아뿔싸 담배꽁초가

이제는 장판이 난지 내가 장판인지도 몰라

해가 뜨기도 전에 지는 이런 상황은 뭔가 (하략)

장기하와 얼굴들 〈싸구려 커피〉 (장기하 작사·작곡, 2008)

홍대 앞 인디음악이 만들어낸 또 하나의 히트곡, 장기하와얼굴들 〈싸구려 커피〉. 주류 대중음악이 보여주는, 고된 훈련과 꽉 채워진

음향에서만 감동이 생기는 건 아니라는 생각을 하게 하는 노래예요. 소통하고 싶은 열린 태도, 하고 싶은 말과 몸짓의 진실성과 대담함 같은 것이 감동을 만들어낸다는 생각을 하게 되죠. 물론 이 동네 친구들은, 이런 폼 나는 말을 하면 "오바 쩐다!" 하면서 썰렁하다는 얼굴 표정을 지을 게 분명하지만요.

사랑은 은하수 다방 문 앞에서 만나

홍차와 냉커피를 마시며

매일 똑같은 노래를 듣다가 온다네

그대는 물에 젖지 않은 성냥개비 같아

아무리 싫은 표정 지어도

불타는 그 마음을 감출 수가 없다네

그대 나에게 무슨 말이라도 해주오

나는 찻잔에 무지개를 띄워주리

하루도 이틀도 사흘도 배겨낼 수가 없네

못 살고 못 죽고 그대 없는

홍대 상수동 신촌 이대 이태원

걸어 다닐 수도 없지

그대 나에게 무슨 말이라도 해주오

나는 찻잔에 무지개를 띄워주리 (하략)

10cm 〈사랑은 은하수 다방에서〉 (10cm 작사 · 작곡, 2011)

'포스트 장기하' 소리를 들었던 10cm의 〈사랑은 은하수 다방에 서〉예요. 이 노래를 들으면, 홍대 앞의 작은 커피 가게들, 스스로 콩 볶아서 손으로 커피 내려주는 가게들이 떠올라요. 신촌과 다른, 오밀조밀한 주택가 분위기가 홍대 앞에는 있죠. 대형화를 거부하고 아날로그적이고, 그래서 대안적이랄까 하는 분위기 말예요. 인디밴 드들이 보여주는 인간 냄새의 실체는 바로 이런 것일 겁니다.

홍대 앞에서 버스킹을 할 수 없다면

인디와 언더의 메카였던 홍대도 어느새 새로운 음악스타일을 원 했던 대중의 요구에 활발하게 부응하기 시작했습니다. 홍대는 그렇 게 세련된 음악과 독특한 공연 문화를 통해 자신의 그늘 아래 더 많은 대중을 불러 모았습니다.

> 네가 없을 땐 왠지 아픈 느낌
> 이 마음을 전하고 싶어 눈을 감으면 또 네가 떠올라
> 이젠 숨 쉴 때마다 네 모습이 너무나 커져 이젠 나의 사랑은
> 항상 너와 웃으며 이 밤을 그리워하며 하루를 아쉬워하며
> 또 너를 기다리겠지 나는 어떡하죠 아직 서툰데
> 이 마음이 새어나가 커져버린 내 마음이
> 자꾸만 새어나가 (하략)
> 버스커버스커 〈첫사랑〉 (장기준·장범준 작사, 장범준 작곡, 2012)

잘 아시는 〈첫사랑〉이란 노랜데요, 이 팀 이름이 버스커버스커죠. 버스커란, 길거리에서 돈 통을 앞에 놓고 공연을 하는 사람들을 지칭하는 말이죠. 자기 손으로 만든 자잘한 수공예품 좌판들이 깔려 있고, 종종 이런 버스커들이 기타와 키보드 하나 정도 들고 나와 공연하는 풍경, 우리가 연상하는 홍대 앞과 잘 어울리는 풍경입니다.

그런데요, 지금 홍대의 상인들이 길이 번잡해지고 장사에 방해가 된다며, 버스킹을 반대하고 있다고 합니다. 그래서 홍대 앞에서 사실상 버스킹이 금지돼 있다는군요. 글쎄요, 여러분은 어떻게 생각하시나요?

내가 좋아하는 예술을 하고, 내가 좋다는 사람한테 돈 받는데, 돈 통 놓고 좌판에 벌여놓는 게, 창피할 게 뭐 있냐는 솔직함, 그걸 다 받아주는 자유와 객기, 그리고 열정의 해방구. 우리 마음속 지

홍대 앞 버스킹
은 젊고 독특한
공연 문화다

도에 홍대 앞이라 적힌 세 글자는 바로 이것을 뜻하는 말 아닐까요? 하지만 상업화의 물결 속에 홍대 앞 인디 공연을 지켜내는 일이 너무나 어려워지고 있다는 게 홍대 앞 음악 카페 '무대륙' 김건아 대표의 얘깁니다.

김건아(카페 무대륙 대표) 공연장은 무조건 마이너스에요. 홍대 앞 상업화 그리고 월세 상승으로 버텨낼 재간이 없는 거죠. 음… '바다비'라고 있거든요. 홍대 인디밴드들의 인큐베이터 같은 장소였어요. 그 바다비 주인이 월세를 내고 공연장 유지를 위해서 낮에 음식 배달 일을 했고 그 돈으로 공연장을 유지해오다가 병을 얻어 뇌수술을 받아야 할 상황이었어요. 이 바다비를 살리자는 '바다비 네버 다이' 캠페인이 벌어져서 많은 인디밴드 수십 밴드들이 자발적으로 공연하고 성금을 걷어 되살려놓은 게 최근의 일이에요.

바다비 네버 다이… 홍대 앞을 지금의 이미지로 만든 에너지가 아직은 이곳에 남아있다는 증겁니다. 하지만 얼마나 버틸 수 있을까요? 예술인들이 지역에 문화를 만들어 놓으면, 얼마 안 가서 그곳에 돈이 밀려들고, 결국 뜻 있는 사람들이 떠나면서 장소가 변질돼 버리는 이 도시의 슬픈 공식. 홍대 앞도 마침내는 혹시 이 길을 걷게 되는 건 아닐까요?

공연장, 대중음악의 허파

(관객의 박수 소리)

봄이 오면 강산에 꽃이 피고 여름이면 꽃들이 만발하네

가을이면 강산에 단풍 들고 겨울 오면 아이들의 눈 장난

아 아름다운 아 우리 강산

봄 여름 가을 겨울

해가 바뀌어도 변하지 않는 아름다운 우리 강산

봄 여름 가을 겨울

김현식 〈봄 여름 가을 겨울〉 (김현식 작사·작곡, 1980)

이 음원은 김현식 씨가 펄펄 날았던 1980년대 공연 실황입니다. 한 열성 팬이, 공연장에서, 작은 카세트 녹음기로 녹음해서 노래보다 객석 소음이 더 많이 들어가 있죠. 하지만, 휴대전화나 인터넷에 손가락 하나로 노래를 들을 때보다, 이 관객들이 더 행복해 보이네요. 김현식 씨 목소리에도 그 신명이 고스란히 느껴지고요.

그래요. 온갖 매체가 넘쳐나는 시대에도 공연만이 허용하는 상상력, 공연으로만 해낼 수 있는 훈련의 영역이 있죠. 그래서 공연이 가능한 해방구는 어찌 보면, 우리 대중음악의 허파일 수 있습니다. 방송이 보장해주지 못하는 다양성이란 꽃은, 이런 자유로운 공연 속에서 피어납니다. 이태원, 신촌, 대학로, 홍대, 이 문화적 해방구들이 있어서, 우리는 이 빡빡한 우리 사회 풍토에서, 다양성의 꽃을

피우고 세련된 문화를 발전시킬 수 있었던 거겠죠.

그 밤에 그 밤 사랑하는 사람들 품으로

그 밤에 그 밤 지나간 추억에 따스함 위로

그 밤에 그 밤 어머니의 주름 그 사이로

그 밤에 그 밤 그 밤에 그 밤

따뜻한 별빛이 내린다

샤랴랄라라랄라 샤랴랄라라랄라

샤랴랄라랄랄라 샤랴랄라라랄라 (하략)

안녕바다 〈별빛이 내린다〉 (나무·대현·명제·준혁 작사·작곡, 2009)

2013년 기획 특집 〈사운드 맵 음악으로 그린 서울 지도〉. 오늘은, 제3부 '해방구, 노래를 불러 모으다—이태원, 대학가 그리고 홍대 앞' 편이었습니다. 다음에는 마지막 제4부, '지하철 1호선, 노래의 위로를 운반하다— 청량리, 영등포, 구로, 동대문' 편을 보내드립니다. 지금까지 기획·취재에 이진성·박재철, 구성에 이영미, 저는 노래하는 한영애였습니다.

Outro
프런티어 (frontier)

프런티어(frontier)는 개척지와 아직 개척되지 않은 곳의 경계선을 뜻하는 말입니다.

문맥에 따라서는 최첨단을 선도하는 첨병을 의미하기도 하지요.

기존의 것과 새 것이 면(面)하고 있어 그 둘 사이를 가르는 경계에는 언제나 자기장 같은 힘의 맞섬이 느껴집니다. 보이지 않지만 맞선 상대의 낯선 기운이 높을수록 접경지대의 에너지 역시 덩달아 높아집니다.

그 에너지는 갈등의 산물이지만 때론 화해와 융합으로 또 때론 지금보다 더 나은 단계를 모색하게 하는 계기로도 작용합니다. 그래서 일까요? 모든 경계에는 꽃이 핀다는 말이 생겨난 이유 말입니다.

이태원과 대학가 그리고 홍대 앞을 다룬 제3부는 이런 프런티어의 성격과 특성을 떠올리게 합니다.

60~70년대 우리 문화와 서구 문화의 접경지대는 미8군이 자리한 이태원이었습니다. 트로트와 팝의 팽팽한 주도권 다툼이 생겨났고 힙합과 스트리트 댄스의 붐이 잉태된 곳이기도 했죠.

그런가 하면 80~90년대 방송 권력이 음악시장을 지배하던 소위 '여의도 시대'. '여의도'라는 문화 검열 필터에 염증을 느낀 뮤지션들은 하나 둘 발길을 돌려 신촌과 혜화동 등 대학가로 모여들었습니다. 라이브 언더그라운드 음악이 함께 했던 그곳은 늘 '밀실의 저항'과 '광장의 자유'가 공존했지요.

그 반골 기질을 이어받아 펑크와 사이키델릭 등 새로운 음악 장르의 자생적 문법을 고민하고 실험했던 공간은 신촌의 이웃한 동네바로 홍대 앞이었죠.

맞서는 두 힘이 대등하지 못하면 한쪽에 흡수될 수밖에 없습니다. 그건 비단 물리학에서만 해당되는 이치는 아닐 겁니다. 기득권이 있는 중심의 위계질서를 주변 스스로가 내면화하고 고수했다면 프런티어는 생겨나지 않았을 테지요.

프런티어에서는 언제나 갈등의 변증법이 헌법처럼 통용됐고 그래서 평평한 지평에 새로운 산들이 융기할 수 있었습니다.

이태원과 대학가 그리고 홍대 앞 이러한 프런티어들은 음악의 용광로로서 빈곤한 우리 음악의 자산을 한데 어울려 풍성하게 해주었고 새로운 단계로 음악적 비약을 꿈꾸게 했습니다.

 힘 있고 세 있는 곳의 그늘 막 아래에서 쉬지 않고 새로운 땅을
찾아 뛰쳐나가 기존의 것들과 겨루며 종국에는 어깨를 나란히 두
를 정도로 힘과 세를 키울 수 있었던 곳!
 그곳은 말하자면 안전하지만 딱딱한 격자에 갇힌 우리 사회의 문
화적 콘텐츠를 밖으로 넘치게 한 하나의 구멍, 즉 해방구였습니다.
 그런 소중한 프런티어들을 가질 수 있어 우리 음악 문화의 풍경
은 8부 능선의 협곡을 그릴 수 있지 않았나 싶습니다.

갈등, 화해, 융합의 에너지로
새로운 음악의 꽃을 피워낸 그곳
젊음의 해방구를 기억합니다.

제4부

지하철 1호선,
노래를 실어 나르다
- 청량리, 영등포, 구로, 동대문

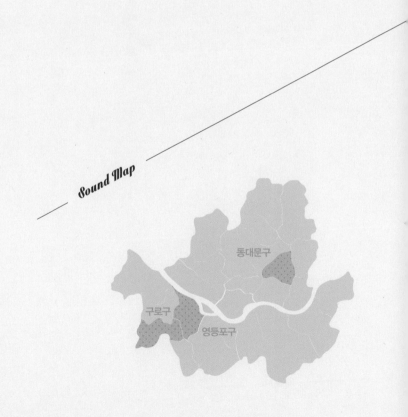

Sound Map

동대문구

구로구

영등포구

Sound Map

1990년대 중반에 초연된 극단 학전의 뮤지컬 〈지하철 1호선〉은 지하철 1호선이 상징하는 낡고 가난한 동네의 이미지, 서민 동네의 지역성들을 잘 포착해서 서민들의 서울살이의 고단함을 실감나게 그려내 화제를 모았습니다.

우리도 지하철 1호선을 따라 서울에서 상대적으로 낡고 허름한 곳, 변두리 지역인 청량리, 동대문, 영등포, 구로 등을 지나면서, 이 장소들이 어떤 노래를 만들어왔고, 그들의 삶과 고민, 희망을 어떻게 담아왔는지 만나봅니다.

서울의 고단함을 잊기 위해 서울 밖으로 나가는 이들을 위한 기차역, 그리고 서울살이에 지친 이들이 깃든 집창촌이 있는 청량리, 조선 시대부터 한양 도성의 식품 공급지였다가 최근 재개발로 '잃어버린 고향'이 된 왕십리, 일제 강점기부터 최대 공단지역이었고 1960년대 이후 무작정 상경 이농민들의 일터였던 영등포, 청계천변 평화시장과 창신동 봉제골목이 위치한 한국 노동운동의 메카 동대문 등, 이런 서민 지역을 노래한 작품들을 만나봅니다.

그래서 4부의 노래들은 어둡거나 우습게 쿵짝거리지만, 정겹고 진한 맛을 풍깁니다. 게다가 시대의 변화에 따라 계층적·인종적· 문화적 다양성을 품고 있는 서울 변두리의 하이브리드 잠재력조차 엿보입니다. 획일적인 재개발이 아닌 다양성이 숨 쉬는 도시 환경이 필요한 이유도 이 때문입니다.

서울살이의 길 잃은 이들이 모인 청량리

지하철 1호선의 풍경들

시민1 (노래한다) 종로로 갈까요 명동으로 갈까요

시민들 (함께 노래한다) 차라리 청량리로 갈까요 (웃음)

(지하철 1호선 승강장 안내 방송이 나온다.)

안내 지금 청량리, 청량리 가는 열차가 도착하고 있습니다. 고객 여러분께서는 안전하게 승차…

(열차 문 열리는 소리, 승객의 소음들)

안녕하세요. 노래를 타고 가보는 서울 여행, 2013 기획 특집 〈사운드 맵 음악으로 그린 서울 지도〉. 오늘은 네 번째, 마지막 시간입니다.

1호선만 좌측통행 2, 3, 4, 5, 6, 7, 8은 우측통행

헷갈렸다간 거꾸로 타요 출퇴근시간 뒤바뀌죠

정신만 차리면 괜찮아요

멋대로 달리는 지하철

극단 학전 〈1호선〉 (음반 록 뮤지컬 〈지하철1호선〉 중에서)

깊은 밤 내 온 팔다리가 저려 온다

이제 모든 게 다 끝장 나버렸나

뼛속 깊이 시려오는 이 아픔

아아 아직 내가 살았다는 증거이지

자 싸우러 가자 (하략)

극단 학전 〈산다는 게 참 좋구나 아가야〉 (음반 록 뮤지컬 〈지하철1호선〉 중에서)

    지금 뮤지컬 〈지하철 1호선〉의 노래들이 흐르고 있는데요. 이 뮤지컬에서 그려낸 것처럼 서울의 전철 중 가장 서민적인 분위기가 나는 1호선, 저희도 이 1호선 전철을 타려고 합니다.

    오늘은 청량리에서 영등포, 동대문, 이런 오래된 서민 동네를 오가면서 화려한 서울 속 다소 털털하고 냄새도 나는 진짜 속살을 보고 싶은 거죠. 제4부 '지하철 1호선, 노래를 실어 나르다 −청량리, 영등포, 구로, 동대문' 편, 지하철 1호선의 종착지였던 청량리에서부터 출발하겠습니다.

청량리에는 왜 청과물 시장이 있을까?

(지하철 열차 안 안내 방송이 나온다)

안내 이번 역은 우리 열차의 종착역인 청량리, 청량리역입니다. 왕십리나 의정부 방면으로 가실 고객께서는 이번 역에서 열차를 갈아타시기 바랍니다. 내리실 때에는 차안에 두고 내리는 물건이 없는지 다시 한 번 살펴보시기 바랍니다. 안녕히 가십시오. 고맙습니다.

조금은 지쳐 있었나봐 쫓기는 듯한 내 생활
아무 계획도 없이 무작정 몸을 부대어보며
힘들게 올라탄 기차는 어딘고 하니 춘천행
지난 일이 생각나 차라리 혼자도 좋겠네
춘천 가는 기차는 나를 데리고 가네
오월의 내 사랑이 숨 쉬는 곳
지금은 눈이 내린 끝없는 철길 위에
초라한 내 모습만 이 길을 따라가네 그리운 사람
차창 가득 뽀얗게 서린 입김을 닦아내 보니
흘러가는 한강은 예나 지금이나 변함없고
그곳에 도착하게 되면 술 한 잔 마시고 싶어
저녁 때 돌아오는 내 취한 모습도 좋겠네 (하략)

김현철 〈춘천 가는 기차〉 (김현철 작사·작곡, 1989)

1980년대 청량리역은
떠나고 돌아오는 사람
들로 북적였다

　이 노래는, 들을 때마다 경춘선 기차를 타고 싶어지게 만듭니다.
빠르게 쌩 달려가는 전철 말고, 지금은 없어진 옛날 경춘선 기차
말예요. 청량리역 시계탑 앞에서 누군가를 만나본 기억, 한 번쯤은
다 갖고 계실 겁니다.

　'청량리'란 이름은, 근처에 있는 '청량사'라는 오래된 절이 있어서
붙은 이름인데요. 이제는 청량리 하면 모두 '역'을 떠올립니다. 홍익
대 진양교 교수의 말입니다.

　진양교(홍익대 교수)　대한제국 시절인 1899년 이 땅에 처음 전차

가 개통됐을 때, 청량리가 그 종착역이었습니다. 서대문에서 출발해서 종로, 동대문 거쳐 청량리까지. 즉 서울 시내의 가장 중요한 도로인 종로를 통과해서 당시로서는 교외인 청량리에서 끝나는 것이었죠. 그래서 지하철 1호선도 바로 이 노선을 가장 먼저 만든 거였고요. 서울역이 경인선과 경부선의 끝이라면, 청량리는 경춘선, 경전선, 태백선, 중앙선이 시작되고, 용산에서 출발하는 경원선이 지나가는 아주 중요한 역이었습니다. 그러니까 외곽 철도 서울과 원산을 연결하는 경원선, 동쪽으로 가는 경춘선, 중앙으로 가는 중앙선, 이 3대 노선이 청량리에 모여들게 되고, 동해안으로부터 북쪽, 남쪽으로부터 각지에서 물자가 모여드니 시장이 안 생길 수가 없었죠. 또 외곽에서 서울로 들어오는 사람들을 걸러주는 곳이니까 각지 뜨내기와 여러 계층들이 모여드는 장소면서 무작정 상경한 이들이 빠르게 적응하며 생활하는 활기찬 장소성을 지니게 됐죠.

이제 확실히 이해가 되네요. 왜 청량리역 부근에 청량리청과물시장, 경동시장이 있는지 말예요. 워낙 교통의 요지라 각지의 물건들이 집결해 들어오니 그런 거죠. 강원도 산골 약초들도 이곳으로 모이니 약령시가 생길 수밖에 없는 거고요. 도매시장이 있으니 물건은 싸고, 각지의 여러 계층이 교통 좋은 이곳으로 몰려드니 서민들 주거지가 쉽게 형성됐던 거죠.

청량리는 이렇게 서울로 들어오는 입구이기도 했지만, 한편으론 서울을 탈출하는 출구이기도 했어요.

> 술 마시고 노래하고 춤을 춰봐도 가슴에는 하나 가득 슬픔뿐이네
> 무엇을 할 것인가 둘러보아도 보이는 건 모두가 돌아 앉았네
> 자 떠나자 동해 바다로 삼등삼등 완행열차 기차를 타고
> 송창식 〈고래사냥〉 (최인호 작사, 송창식 작곡, 1975)

동해 바다로 떠나려면 가야 하던 곳 청량리역. 지금도 강릉이나 정동진을 기차 타고 가려면 청량리에서 무궁화호 타고 6시간을 가는데요. 이 노래가 나왔던 70년대에 '삼등삼등 완행열차' 타고 가면 정말 오래 걸렸습니다. 경주로 수학여행 갈 때에도 중앙선 타고 정말 수도 없이 굴속을 들락날락 하면서 경주까지 갔었습니다.

아픈 이름, 청량리 588

그런데 이즈음 청량리에는 또 다른 지역이 생겨납니다. 그 옛날 588번 버스가 지나가던 곳이어서 붙은 이름으로 말입니다.

> 늘어진 커텐 황혼이 젖어 화병 속에 한 송이 국화
> 긴 하루 걸린 창에 앉아 타는 해를 바라보네
> 내 빈 방을 채워줘요 블루스를 들려줘요
> 호사한 밤은 아주 먼데 예쁜 꽃불 어디에 켤까

내 빈 방을 채워줘요 블루스를 들려줘요

명혜원 〈청량리 블루스〉 (최성호 작사·작곡, 1985)

명혜원의 〈청량리 블루스〉. 그저 평범한 블루스 곡으로 듣고 넘겨도 되는 이 노래가 묘한 상상을 불러일으키는 건 아마도 '청량리'라는 제목 때문이겠죠. 집창촌의 대명사였던 588, 왜 하필 청량리였을까요?

진양교(홍익대 교수) 청량리 588은 전국 최고의 유곽이었죠. 원래 해방 후 집창촌의 대명사는 '종삼' 즉 종로3가였는데, 이곳이 도심 정비로 해체되면서 종삼 유곽에 있던 사람들이 서울역 앞 양동과 청량리로 크게 나뉘어 자리를 잡게 됩니다. 그런데 나중에 청량리가 서울역 앞 양동을 누르게 돼요. 서울역은 사대문 부근이어서 통제나 감시가 심했던 반면, 청량리는 서울역보다 덜 제도권화 되고 덜 양성화 돼있는 공간이기 때문이었죠. 그래서 덜 눈치를 봐도 되고 특히 도심 외곽이라 발전 가능성이 더 컸기 때문에 청량리가 최고의 유곽 지역이 됩니다.

그날 밤 극장 앞에서 그 역전 캬바레에서
보았다던 그 소문이 들리는 순희
석웃불 등잔 밑에 밤을 새면서
실패 감던 순희가 다홍치마 순희가

이름조차 에레나로 달라진 순희 순희

오늘 밤도 파티에서 춤을 추더라

그 빛깔 드레스에다 그 보석 귀걸이에다

목이 메어 항구에서 운다는 순희

시집 갈 열아홉 살 꿈을 꾸면서

노래하던 순희가 피난 왔던 순희가

말소리도 이상하게 달라진 순희 순희

오늘 밤도 파티에서 웃고 있더라

안다성 〈에레나가 된 순희〉 (손로원 작사, 한복남 작곡, 한정무 노래로 1954)

1950년대 후반의 노래이지만, 지금도 울림이 있습니다. 짙은 화장으로 역전 부근에서 낯선 남자들을 맞는 그들도, 누군가의 귀한 딸이고 여동생이고 애인이었다는 것을 상기시켜주니까요.

청량리 대왕극장에 남진이 떴다!

저 푸른 초원 위에 그림 같은 집을 짓고

사랑하는 우리 님과 한 백년 살고 싶어

봄이면 씨앗 뿌려 여름이면 꽃이 피네

가을이면 풍년 되어 겨울이면 행복하네

멋쟁이 높은 빌딩 으스대지만 유행 따라 사는 것도 제멋이지만

반딧불 초가집도 님과 함께면 나는 좋아 나는 좋아 님과 함께면

님과 함께 같이 산다면

저 푸른 초원 위에 그림 같은 집을 짓고

사랑하는 우리 님과 한 백년 살고 싶어

남진 〈님과 함께〉 (고향 작사, 남국인 작곡, 1972)

청량리 역전 무허가 판자촌 사람들이 상계동으로 쫓겨나고 그 자리에 대왕코너 같은 호화 백화점이 들어서지요. 대왕코너에는 대왕극장이 들어서고 가수들의 쇼가 많이 기획됐습니다. 서민들의 국민가요였던 트로트의 황제 남진과 나훈아 쇼가 절정을 이루게 되죠. 남진 씨가 얼마나 인기가 있었으면 리사이틀 흉내를 낸 음반이 나왔겠습니까. 당시 사장이던 구재서 대표 말로는 전국 1, 2등의 입장 수입을 올렸다는군요.

구재서(전 대왕극장 대표) 청량리역 주변은 변두리고 역 앞에 너저분하게 정리도 안 돼 있었어요. 극장 의자도 나무때기, 화장실도 재래식, 기계는 말할 것도 없고. 말도 못해요 그냥. 그런데도 손님이 꽉꽉 찼어요. 거참 실제 생각하고 다르더라고요. 손님이 너무 많아서 주체를 못했어요. 1200~1300명을 갖다 집어넣으니까. 그게 남진이에요. 남진이 와서 판을 치는 거예요. 우리가 봐선 별 거 아닌데 그만 들어오면 다들 죽기 살기로 난리법석을 치고… 새벽 서너 시까지 장비 고치느라고 잠도 못 잤어요. 화재만 없었다면 청량리 대왕극장은 대단한 역할을 했을 거예요.

당시 대왕극장 대표였던 구재서 씨의 회상처럼 1972년부터 1975년까지 이곳에 무려 세 차례의 대형 화재 사건이 납니다. 게다가 74년 새벽에 난 화재는 고고장과 호텔 이용자 무려 88명이 사망하는 대형 사고였습니다. 고고클럽은 불법 밤샘 영업을 하느라 비상구를 밖에서 잠근 상태였고, 72명이 한꺼번에 희생되는 엄청난 참사가 벌어지고 말았지요.

"지난 11월 3일 새벽, 청량리 대왕코너에서 발생한 화재 사건은 우리에게 많은 교훈을 남겨주고 있습니다. 화마가 지나간 자리에는 시체를 포함한 잿더미뿐이었습니다"
〈대한뉴스〉 1008호 (국립영화제작소, 1974.11.9.) 중에서

청량리 대왕코너에 있던 대왕극장은 결국 화재로 문을 닫았습니

대왕코너의 화재로 청량리는 공연 거점으로서의 역할을 잃게 된다

다. 그 후로 서민의 동네 청량리는 트로트 공연 거점으로서의 역할을 잃고 맙니다. 그리고 청량리역 부근의 맘모스백화점, 롯데백화점으로 이어지는 백화점과 대형 상가의 시대로 접어들지요.

사람 나고 돈 났지 돈 나고 사람이 났다더냐
급하면 돌아가라 말이 있듯이 부귀영화 좋다지만 덤벼선 안돼
돈이란 돌고 돌아 가다가 누구나 한번쯤은 참는다지만
허겁지겁 덤비다가는 코만 깨지고 잡았다고 까불다가는 사그러진다
사람 나고 돈 났지 돈 나고 사람이 났다더냐
남진 〈사람 나고 돈 났지〉 (이성재 작사, 백영호 작곡, 1979)

기차와 지하철이 만나고 그곳으로 옮겨진 것들이 활기차게 팔려나가는 곳, 놀고 싶은 욕망까지도 빠르고 활기차게 해결하는 곳이 청량리죠. 그래서 이곳은 또 하나의 도심입니다. 단, 화려하지 않은 동대문 밖 서민들의 도심이었던 거죠.

화려한 대형 백화점 앞에 여전히 싸구려 옷을 파는 좌판 장사가 있고, 저렴한 만둣집과 심지어 옛날 동시 상영관을 연상시키는 야한 간판 그려놓은 극장까지 남아있는 곳, 그래서 다채로운 서민 생활의 구석구석을 보여주는 생활사박물관 같은 곳이 바로 이 청량리입니다. 역과 함께 발전한 변두리 서민 동네가, 여기에서 멀지 않은 곳에 또 있습니다. 전철로 바뀐 중앙선을 타고 바로 한 정거장만 가면 됩니다.

'잃어버린 고향'이 된
왕십리

또 다른 변두리 왕십리

(경의중앙선 전철 안 안내 방송이 나온다.)

안내 이번 역은 왕십리, 왕십리역입니다. 내리실 문은 오른쪽입니다. 내리실 때에는 차 안에 두고 내리는 물건이 없는지 다시 한번 살펴보시기 바랍니다.

왕십리 밤거리에 구슬프게 비가 내리면
눈물을 삼키려 술을 마신다 옛 사랑을 마신다
정 주던 사람은 모두 떠나고 서울 하늘 아래 나 홀로
아아 깊어 가는 가을밤만이 왕십리를 달래주네
김흥국 〈59년 왕십리〉 (이혜민 작사·작곡, 1992)

또 다른 서민 공간, 왕십리입니다. 왕십리는 경원선, 중앙선 등이 지나가는 또 하나의 교통의 요지입니다. 서울 사대문 안에는 속하지 않으면서 도성 안에 사는 사람의 먹을거리를 대던 곳, 서울 중심에 들어가기 어려웠던 서울 변두리 인생들의 애틋한 고향, 그곳이 왕십리입니다.

〈59년 왕십리〉. 걸걸한 김홍국 씨 목소리가 그래서 이 노래 〈59년 왕십리〉에 잘 어울리나 봅니다. 왕십리에서 자란 1959년생 가수 김홍국에게 〈59년 왕십리〉는 바로 자신을 표현하는 또 다른 이름이기도 합니다. 김홍국 씨 얘깁니다.

김홍국(가수) 배추밭, 유리공장… 서민들이 참 힘들고 어렵게 살았던 곳이죠. 왕십리를 찾아오면 여기서 그렇게 어려움을 극복해서 오늘날 내가 이렇게 오지 않았나 싶어요. 감회가 새로워지는 제2의 고향이 왕십리죠. 그런데 옛 모습을 찾고 싶은데 이 집이 다 헐린 거예요.

서울 변두리 내 고향 동네였던 왕십리. 하지만 도심 개발권에 편입되면서 예전의 모습을 가장 많이 잃어버린 왕십리. 그래서 더욱 추억이 애틋해지는 곳이 바로 왕십리입니다.

김홍국(가수) 제가 듣기로는, 예전에 왕이 여기 와서 신하들에게 물었대요. 여기가 어느 동네냐고. 왕이 너무 많이 물어보고 자꾸

여길 안 떠나니까 신하들이 난감해했는데, 그때 왕이 신하한테 "너 왜 자꾸 물어보는 말에 대답을 안 하냐. 니가 지금 왕을 씹니?" 그래서 여기가 왕십리가 됐다는 얘기가 있어요. 으하하하~

왕십리 똥파리, 왕십리 해장국집

(정희, 준태와 마주 앉아 옛날을 회상한다.)

정희 14년 전 겨울의 뚝섬, 그때도 이런 눈이 내렸어요. 강은 얼어붙었구 벌판은 눈이 덮였었죠. 나루터 사공의 대기소였던 비좁고 엉성했던 판잣집이었지만, 우리에게는 잊을 수 없었던 곳이었어요. 그날 순결을 바쳤었죠. 살을 에이는 강바람이 판잣집 사이로 스며들었지만, 뜨거웠어요.

(장면 바뀌어, 준태, 친구들과 허름한 술집 드럼통 탁자 주변에 둘러앉아 술을 마신다.)

친구1 야, 준태. 10년 만에 고향에 온 소감이 어떠냐?

친구2 야, 물어보면 입 아프다. 왕십리 왕파리가 넥타이 맸다고 풍뎅이 되는 거 아니다, 이런 말씀이야. 이게 왕십리야.

친구3 그래, 왕파리는 목욕을 하구 이발을 해두 왕파리는 왕파리다. 이게 왕십리야.

친구들 모두 (웃으며) 이게 왕십리야!

영화 〈왕십리〉 (임권택 감독, 1976) 예고편 중에서

1976년 임권택 감독의 영화 〈왕십리〉 예고편입니다. 맨 앞의 청승스러운 여자 목소리는 김영애 씨였습니다. 왕십리 왕파리. 이것 말고도 왕십리라는 말에는 참 여러 가지가 붙어 다녀요. 왕십리 곱창, 왕십리 해장국집 같은 밀들 말예요. 도대체 왜 이런 걸까요? 한양대 전우용 교수입니다.

전우용(한양대 교수) 예전에 왕십리 일대가 조선 시대 목장 지대였어요. 그 역사적 관성이 얼마나 강한지 지금도 이 주변은 죄다 고깃집이죠. 서울에서 이렇게 고깃집 밀도가 높은 곳이 없을 거예요. 그리고 '왕십리 똥파리'라는 말도, 목장 지대였던 왕십리가 이후 도성의 부식 재료를 대는 채소밭으로 변하는데, 이때 채소밭 비료로 쓰인 인분 때문에 파리들이 많아서 지금까지도 '왕십리' 하면 사람들이 왕십리 똥파리를 떠올리는 거죠. 왕십리 해장국이 유명해진 것도 비슷해요. 원래 해장국이란 게 가축의 부산물과 채소의 꽁다리로 만든 최하층 음식이에요. 왕십리의 목장과 채소밭을 반영한 음식이죠. 그 역사의 관성이 지금까지 이어지고 있다고 보면 됩니다.

임권택 감독의 영화 〈왕십리〉

왕십리 왕파리, 아마 애초에는 다른 파리였을 텐데, 영화에서는 검열을 의식해서 '왕'파리로 바뀌었을 겁니다. 이 영화에서 왕십리란 어떤 의미의 공간일까요? 영화평론가 명지대 김영진 교수입니다.

김영진(명지대 교수) 경제 개발을 거치면서 서울이 확장되지 않습니까. 그래서 왕십리는 서울 초입 후미진 변두리에서 서울로 편입되면서, 화장을 다시 하는 시기를 거치게 되죠. 영화 〈왕십리〉는 서울 변두리의 인생들, 중심에 들어가지 못하는 이들의 이야기입니다. 영화에서 당시 왕십리 풍경은 서울의 변두리가 계속 공사하고 바뀌면서 서울 도심이 돼 가는 모습을 보여줍니다. 반은 농촌이고 반은 도시로 변모해가는 정체성 없는 곳에서 마음을 잃은 주인공의 모습을 보여주고, 그러면서 왕십리의 애매한 변두리 서울 장소성을 표현하죠. 고향으로서의 냄새와 가치는 상실해가는 공간인 겁니다.

왕십리 골목에 자주 가던 술집이 또 하나 문을 닫았구나
스무 살 우리가 떠들던 그 거리를 낯선 간판들이 채우는구나
설렘이 가득한 이른 봄의 왕십리 술에 취한 대학 새내기들
풋풋한 그들 사이 어른이 된 내 모습 어쩐지 서글퍼지는구나
우리의 젊음이 부럽다던 선배들 그들도 그땐 스물한두 살
어느덧 하나 둘 시집장가 간다고 청첩장을 보내오는구나
지금 되돌아보면 별 것도 아닌 일들 그땐 왜 그리 심각했는지
숱하게 마주치던 만남과 이별 앞에 일일이 눈물을 흘렸네
강백수 〈왕십리〉 (강민구 작사·작곡, 2013)

왕십리의 해장국, 곱창 같은 서민적 음식을 사먹었던 사람들 역시 서민들이었습니다. 왕십리에는 자개 공장, 온갖 철물을 만들어 팔던 대장간, 금형(金型) 공장들까지 작은 규모의 공장들이 죽 늘어서 있지요. 거기서 일하는 사람들이 허름한 해장국집·곱창집의 손님들인 셈입니다.

배추, 무, 쇠고기, 돼지고기에 자개장과 식칼, 연탄집게까지, 우리가 일상에서 필요한 모든 것을 만들어 대주면서도 지저분하다 멸시 당했던 동네, 이 왕십리의 모습은 꼭 우리 할머니 할아버지들을 닮았습니다.

우리는 지금 왕십리역에서 드문드문 오는 중앙선 전철을 타고 갑니다.

무작정 상경 서민들의 일터,
영등포와 구로

일제 강점기 경인공업지역의 한 축, 영등포

(1호선 전철 안 안내 방송이 나온다.)

안내 이번 정차 역은 영등포, 영등포역입니다. 내리실 문은 왼쪽입니다.

굵은비 하염없이 쏟아지는 영등포의 밤
내 가슴에 안겨오는 사랑의 불길
고요한 적막 속에 빛나던 그대 눈동자
아 영원히 잊지 못할 영등포의 밤이여
가슴을 파고드는 추억 어린 영등포의 밤
영원 속에 스쳐오는 사랑의 불길

흐르는 불빛 속에 아련한 그대의 모습

아 영원히 잊지 못할 영등포의 밤이여

오기택 〈영등포의 밤〉 (김부해 작사·작곡, 1966)

모 방송의 예능프로그램 〈꽃보다 할배-대만편〉에 깜짝 출연한 소녀시대 써니가 할배들 앞에서 이 노래를 불러드리는 통에, 할배들이 좋아서 어쩔 줄 몰라 했던 장면이 떠오르네요. 오기택의 〈영등포의 밤〉입니다. 오늘은 왕십리부터 영등포까지 노래가 끈적끈적 서민적입니다. 비교적 최근에 나온 최백호의 〈영등포〉란 노래도 끈적하긴 마찬가지입니다.

추억도 가난한 사람들이 누군가 부여안고 울고 싶어서

밤이면 희미한 불빛 아래로

옛길을 더듬는 듯 찾아오는 곳 영등포

최백호 〈영등포〉 (최백호 작사·작곡, 2000)

영등포 지역은 오래 전부터 서울의 가장 중심적인 공단지역이었습니다. 경기대 건축대학원 안창모 교수의 말입니다.

안창모(경기대 교수) 1937년에 일본이 중일전쟁을 일으키면서 우리나라 병참기지화를 통해 중국 침략을 본격화했고, 중국과 가까운 물류에 유리한 인천이 전략적 요충지가 됐습니다. 인천이 성장하니까 영등포와 인천을 잇는 지역이 급성장하게 됐고, 그렇게 급성장한 영등포 일대와 경인공업지역 일대가 1970년대 우리나라 경제를 먹여 살리는 가장 핵심적인 역할을 했죠.

영등포역, 영등포시장, 영보극장을 주름 잡던 젊은이들

1960년대를 지나면서 영등포의 인구는 폭증했습니다. 1970년대에 영등포의 영보극장도 청량리 대왕극장처럼 정말 장사가 잘 되는 극장이었습니다. 번듯한 시내 일류극장이 부담스러운 이 서민 동네 사람들에게 대왕극장, 영보극장은 훌륭한 문화시설이었던 거죠. 그 시기 영등포역 부근 영보극장에서 나훈아 쇼를 했다면 아마 이 노래가 가장 인기곡이 아니었을까요?

코스모스 피어있는 정든 고향 역
이쁜이 곱분이 모두 나와 반겨주겠지
달려라 고향 열차 설레는 가슴 안고
눈 감아도 떠오르는 그리운 나의 고향 역
코스모스 반겨주는 정든 고향 역
다정히 손잡고 고개 마루 넘어서 갈 때
흰머리 휘날리면서 달려온 어머님을
얼싸안고 바라보았네 멀어진 나의 고향 역
나훈아 〈고향역〉 (임종수 작사·작곡, 1972)

서민들이 상경하고 귀향하던 1980년대의 영등포역 풍경

　이 노래가 발표된 것이 1972년입니다. 눈에 선하지 않나요? 코스모스 핀 고향이니 추석 무렵인 모양입니다. 오래간만에 고향을 가려니 옷도 좀 새것으로 갈아입었을 테고요. 손에는 동생과 부모님께 드릴 과자, 학용품, 내복 같은 것을 잔뜩 챙겨 들었을 겁니다. 고향 역에 내려서 술 한 병 사가지고 가는 거 잊지 말아야죠. 고향 마을 옆집의 이쁜이·곱분이한테도 서울 이야기를 해줄 수 있을 테니, 기분이 좋습니다.

　이 주인공은 무얼 하는 사람이었을까요? 노래에서 콕 집어 이야기하지는 않지만 시골 출신의 서민들이 가질 수 있는 직업은 그리 많지 않았습니다. 노점상 아니면 공장 근로자죠. 1960, 70년대 이

지역의 새로운 주인은 바로 제조업 노동자들이었습니다.

> 우리 부모 병들어 누우신 지 삼년에
> 뒷산에 약초 뿌리 모두 캐어드렸지
> 나 떠나면 누가 할까 늙으신 부모 모실까
> 서울로 가는 길이 왜 이리도 멀으냐
> 양희은 〈서울로 가는 길〉 (김민기 작사·작곡, 1972)

당시 '무작정 상경'이란 말까지 나왔던 이농의 모습을 고스란히
담은 노래, 양희은의 〈서울로 가는 길〉입니다. 서울로, 서울로, 돈
벌러 올라온 수많은 사람들이 바로 영등포·구로의 공단지역에서
서울살이를 시작했습니다. 1970년대 대림사거리에 위치한 원풍모방
노동자였던 장남수 씨 이야기입니다.

장남수(전 원풍모방 노동자) 언니가 원풍모방을 먼저 들어갔고 언
니를 따라서 내가, 나를 따라서 동생이, 이렇게 세 자매가 차례
로 들어갔어요. 1970년대 영등포로 자매 셋이 연이어 상경해서
공장 취직을 한 거죠. 굉장히 작은 집이었고, 뚱뚱한 사람은 다
니기 힘든 좁은 골목 끝에서 셋방살이를 했는데, 우리도 그랬지
만 남동생이나 오빠의 학비를 벌기 위해 상경하는 여성들이 굉
장히 많았어요.

대중가요에 '공장'은 없다

서울로 돈 벌러 올라온 수많은 사람들이 바로 영등포, 구로공단 지역에서 서울살이를 시작했습니다. 그러나 오랫동안 제조업 공장 노동자들은 엄연한 서울 시민임에도 불구하고 그 많은 서울 노래에는 등장하지 못했습니다. 산업의 역군으로 추앙되었지만 그네들의 힘든 삶을 제대로 얘기하는 것은 금기시됐죠.

> 예쁘게 빛나던 불빛 공장의 불빛
> 온데 간데도 없고 희뿌연 작업등만
> 이대로 못 돌아가지 그리운 고향 마을
> 춥고 지친 밤 여기는 또 다른 고향
> 〈공장의 불빛〉 (김민기 작사·작곡, 1978)

들으시는 노래는, 1978년 김민기가 극본을 쓰고 작곡한 음악극 〈공장의 불빛〉 중 타이틀곡입니다. 당시에 이런 노래가 시중 레코드가게에까지 나오지는 못했고요, 경찰의 감시의 눈을 피해 여기저기 옮겨 다니며 몰래 녹음을 했습니다. 대학 시절 그 녹음에 코러스로 참여했던 성공회대 김창남 교수의 말입니다.

김창남(성공회대 교수) 1978년 대학 1학년 시절에 노래패 선배들이 은밀히 녹음할 게 있다고 했어요. 그리고 어떤 노래를 반주

따로 노래 따로 녹음했는데, 그게 바로 음악극 〈공장의 불빛〉이
었습니다. 당시 이렇게 노동자 이야기, 그것도 노동자 파업이나
노동조합의 필요성을 이야기하는 작품을 만든다는 것이 굉장히
충격으로 와닿았고요. 이런 당시 활동이 1980년대에 노래운동
을 하게 되는 발판이 됐죠.

1970년대와 1980년대 중반까지 대중가요에서 '공장'이란 말조차
얼마나 금기시됐었는지를 보여주는 증거 하나를 들어볼까요? 한돌
작사 작곡 〈외사랑〉, 1984년 신형원 버전과 1992년 김광석 버전이
딱 한 부분 달라요. 들어보시죠.

내 사랑 외로운 사랑 이루어질 수 없는 사랑인가요
사랑의 노래를 불러보고 싶지만 마음 하나로는 안되나봐요
내 마음 하얀 불빛은 오늘도 그렇게 쓸쓸했지요
신형원 〈외사랑〉 (한돌 작사·작곡, 1984)

내 사랑 외로운 사랑 이루어질 수 없는 사랑인가요
사랑의 노래를 불러보고 싶지만 마음 하나로는 안되나 봐요
공장의 하얀 불빛은 오늘도 그렇게 쓸쓸했지요
김광석 〈외사랑〉 (한돌 작사·작곡, 1992)

살짝 지나가는 단어라서 신경 써서 듣지 않으면 놓치게 되네요.

바로 '공장'이라는 단어입니다. 신형원의 노래에선 '내 마음'이란 가사가 김광석 노래에선 '공장의'로 바뀌었습니다. 김광석의 목소리로 〈외사랑〉을 취입한 것은 1992년, 그러니까 1987년 6월 항쟁 이후였어요. 이제 더 이상 '공장'이란 단어 정도를 문제 삼을 수 없는 시기가 된 거죠.

노래에서만 합법적이면 돼?

그런데 1970년대 〈강변에서〉라는 노래에는 가사에 '공장'은 나왔는데, 가사 다른 부분이 잘렸다고 하네요.

서산에 붉은 해 걸리고 강변에 앉아서 쉬노라면
낯익은 얼굴이 하나둘 집으로 돌아온다
늘어진 어깨마다 퀭한 두 눈마다
붉은 노을이 물들면 왠지 가슴이 설레인다
강 건너 공장의 굴뚝엔 시커먼 연기가 펴오르고
순이네 뎅그런 굴뚝엔 파란 실오라기 펴오른다
바람은 어두워가고 별들은 춤추는데
건너 공장에 나간 순이는 왜 안 돌아 오는 걸까
높다란 철교위로 호사한 기차가 지나가면
강물은 일고 일어나 작은 나룻배 흔들린다.
아이야 불 밝혀라 뱃전에 불 밝혀라

저 강 건너 오솔길 따라 우리 순이가 돌아온다

라라라 라라라 노 저어라 열아홉 살 순이가 돌아온다

라라라 라라라 노 저어라 우리 순이가 돌아온나

아이야 불 밝혀라 뱃전에 불 밝혀라

저 강 건너 오솔길 따라 우리 순이가 돌아온다

송창식 〈강변에서〉 (김민기 작사·작곡, 1974)

송창식의 〈강변에서〉, 바로 한강철교가 보이는 곳에서 강 건너 영
등포와 구로공단을 바라본 풍경입니다.

이영미(대중예술평론가) 검열이 걸린 대목이 있었어요. '열여섯 살
순이가 돌아온다'는 부분인데, 송창식의 방금 들으신 노래에선
'열아홉 살 순이'로 바뀌어있어요. 근데 당시 열여섯 살 열네 살
순이들이 공장에 굉장히 많았었거든요. 하지만 그건 미성년자
를 고용한 거고, 엄연한 불법이지요. 그러니까 당시에 정말 10대
노동자들이 많았음에도 불구하고, 노래에서는 현실 그대로의 모
습을 표현할 수 없었어요. 그래도 그나마 아직 1974년이니까 이
노래에 '공장' 같은 단어가 가능했을 텐데요. 1975년 넘어 유신
말기로 가면 그것조차 불가능해지죠.

엄연히 존재하는 것을 노래할 수 없다고 막으면, 참 답답합니다.
그런데 검열당국만 그랬던 것이 아니었어요. 우리 사회 전체가 노

동자를 산업역군이라 말로만 추켜세우고 실제로는 아래로 보는 시선을 갖고 있었으니까요.

소설가 신경숙의 커밍아웃(!)

세상이 그래서였을까요? 지금은 세계적인 작가가 된 소설가 신경숙. 그는 꽤 인기 작가가 되고도 몇 년 동안 자신이 구로공단 여공출신이었다는 사실을 말하지 않았었습니다. 그러다 1995년 "외딴방"이라는 소설을 발표했는데, 거기에는 자신이 열여섯 살 때 상경해서 구로공단 여공 생활을 한 얘기가 고스란히 실려 있었죠. 이렇게 커밍아웃 할 때까지 무려 10년이라는 세월이 필요했습니다.

책상 하나와 비키니옷장 하나를 머리맡에 두고 요 두 개를 깔고 넷이 나란히 눕고 나면 더 움직일 곳이 없는 우리들의 외딴 방엔 언제나 밥상이 차려져 있다. (중략) 저녁밥을 같이 먹는 날은 일요일뿐이다. 우리들은 회사 식당에서 간단하게 저녁을 먹으므로 오빠들 저녁밥은 아침에 지어놓는다. (중략) 밥을 아랫목에 묻어놓지만 늘 찬밥이다. (중략) 서른일곱 개의 방, 그 방 하나에 한 사람씩만 산다 해도 서른일곱 명일 텐데 봄이 되도록 내가 얼굴을 부딪친 사람은 서넛도 안 되었다. 어느 방에 누가 사는지 도시 알 수가 없었다. 대문은 항상 열려 있었으며 대문을 들어서면 밖으로 난 문에 자물쇠들이 먼저 보였다.

신경숙 『외딴방』 (문학동네, 1995)

내 손 거쳐 만든 물건 백화점에 가득해도
셋방살이 내 집에는 재고품도 하나 없네
어쩌다가 이 내 몸은 노동자로 태어나서
거친 세상 풍랑 속에서 멸시 천대 받는구나
〈노동자의 생활〉 (작사 미상, 최창남 작곡, 1985)

최창남(목사) 한 여성 노동자가 술자리에서 풀어놓던 긴 얘기를 들었었어요. 그 친구는 10대 때부터 다리를 절었어요. 미싱을 어린 시절부터 하도 오래 해서 고관절이 망가진 거예요. 그래서 쩔뚝쩔뚝 걸어요. 자기가 병을 얻게 된 과정, 서울에 와서 공장에서 무서웠던 이야기까지 쭉 풀어놓았고, 노래는 그 여성 노동자의 얘기 그 자체였어요. 그녀의 이야기를 모아 가사를 만들어 노래를 만들었고, 그 노래를 들은 많은 여성 노동자들에게는 자기의 삶을 자각하게 되는, 자기의 노래가 된 거죠.

신경숙의 『외딴 방』 한 부분, 그리고 노래 〈노동자의 생활〉은 1985년 한 여성 노동자가 직접 부른 목소리였어요. 이 노래를 짓고 녹음한 최창남 목사 이야기도 들었습니다. 매끈하게 부른 노래는 아니지만, 어떤 기성 가수가 이런 절실한 목소리를 낼 수 있을까요. 소설과 노래 모두 공단지역, 이른바 '벌집방'이라 불리는 자취방 풍경입

젊은 여성 노동자들의 땀이 서려 있는 가발 공장 모습

니다. 이렇게 살면서 그들은 산업체특별학급이나 야학에서라도 공부를 하려고 했습니다. 공부해서 그 노동자 신분을 벗어나고 싶었던 거지요.

영등포와 청량리는 멀지 않다

영화 〈영자의 전성시대〉라고, 기억하시나요? 염복순 씨가 주연한, 1975년의 최고 히트 영화였지요. 이 영화 속의 영자도 이런 모습이에요. 시골에서 올라와서 가정부, 봉제공장 여공, 그러다 운전기술 배우고 싶어 버스 안내양으로 취직을 하죠. 결국 만원 버스에서 떨어져 팔 한 쪽을 잃습니다. 그 보상금 받은 것을 모두 시골집에 보내

〈영자의 전성시대〉
영화 포스터

고 자살하려 해요. 하지만 그것도 쉽지 않습니다. 영자는, 죽지도 못하고, 자신이 그토록 거부했던 집창촌으로 들어갑니다. 오늘 여행의 첫 출발지 청량리와 영등포, 구로의 공단지역은 결코 먼 곳이 아니었던 거죠.

유경순(노동자교육센터 부대표) 당시 가정부, 여공, 술집 종업원, 집창촌 성매매 여성, 이런 직종들은 서로 거리가 먼 것이 아니었어요. 서울로 상경한 여성이 내몰려 전전하게 되는 직업의 흐름이라고 볼 수 있거든요. 서울에 올라온 여성들을 보면서 성적으로 문란하다는 식으로 매도하기도 했는데, 당시 우리 사회는 이렇게 아주 체계적이고 지속적으로 이들을 사회에서 배제해왔던 거죠.

이주노동자들의 작은 서울, 가리봉

가리베가스 가리베가스 희망의 노래 가리베가스

가리베가스 가리베가스 아름다운 노래 가리베가스

가리베가스로 오세요 꿈을 찾아 모두 오세요

가리베가스로 오시면은 희망 노래 꿈이 있어요

사진 속에 웃고 있는 가족을 보며 저 태양을 바라봅니다

어제보다 오늘보다 내일을 위해 참고 다시 참고 살아가지요

가난한 내 청춘아 힘을 내 힘을 내

언젠간 한바탕 웃으며 씩씩하게 고향으로 돌아가자

가리베가스로 오세요 꿈을 찾아 모두 오세요

가리베가스로 오시면은 희망 노래 꿈이 있어요.

헤라 〈가리베가스〉 (윤명선 작사·작곡, 2012)

중국인으로 한국에서 활동하는 가수 헤라의 〈가리베가스〉라는
노래입니다.

구로공단이 구로디지털단지가 됐다고 해서 제조업과 블루칼라가
모두 사라진 건 아닙니다. 구석구석을 살펴보면 여전히 공장들이
많습니다. 다만 일하는 분들 일부가 좀 바뀌었다고 할까요.

노동자들이 떡볶이·순대를 사먹었던 가리봉시장, 지금 그 가리
봉시장에는 연변거리가 있습니다. 한국인 노동자들이 하나둘 떠나
면서 이주노동자들이 그곳을 채우고 있는 거지요. 그들은 이곳을

미국 라스베이거스에 빗대어 '가리베가스'라고 한답니다.

정병호(한양대 교수, 글로벌다문화연구원장)　서울의 공단지역이 변화하면서, 한국 노동자들이 살다가 떠난 그 빈틈을 이주노동자들이 채우게 된 거죠. 공단, 시장의 풍경이 변화합니다. 서울의 동부 벨트, 즉 동대문시장, 창신동, 성수동 일대는 중앙아시아인과 몽골인들이 많이 모여 살지요. 그에 비해 서부 벨트, 즉 가리봉동, 구로·대림 일대는 구로공단이 일부 공동화되면서 과거 한국 노동자들 있던 터전에 우리 조선족, 고려인 등의 동포들이 들어간 측면이 강합니다. 그러니까 우리 민족 문화의 다양성의 터전이 서울 서부 벨트라고 볼 수 있죠. 구로구 옌볜동이라고까지 말하니까요.

중국동포 황영화(영등포 거주 이주노동자)　저는 중국 심양에서 왔습니다. 저도 아버지와 할아버지 고향이 이곳이다 보니까 저도 그렇게 생각했는데 막상 와보니 맘 같지 않더라고요. 억양이 달라서 말을 못 알아들으니까 힘들었는데 그냥 한국에 오면 좋다고 하니까 왔고…

중국동포 장옥경(영등포 거주 이주노동자)　아르바이트도 하고 택배회사에도 있고, 원래 남의 나라에 살면 모르는 거, 힘든 거 많죠. 우리 딸 공부하고 있으니 그거 위해서 그 생각하면서 제가 여기서 힘내서 일하죠. 아빠가 보고 싶을 때 제가 어릴 때 부르던 노래도 부르고…

이주노동자로 점점 물갈이 되는 현상. 예전에 작은 제조업 공장들이 밀집해 있는 지역은 거의 이런 모습으로 변해 있습니다. 이 이야기에 이른 걸 보니 이제 우리도 서울 여행의 마지막 종착지로 갈 때가 된 모양입니다. 우리는 다시 1호선 전철을 타고 동쪽으로 갑니다.

24시간 돌아가는
서울의 에너지, 동대문

창신동 산동네 판잣집들

(1호선 전철 안 안내 방송이 나온다.)

안내 이번 정차 역은 동대문, 동대문역입니다. 내리실 문은 왼쪽입니다. 당고개, 사당, 오이도 방면으로 가실 고객께서는 이번 역에서 4호선으로 갈아타시기 바랍니다.

땀과 눈물 흘리고 일하면서 우리나라 전체를 먹여 살렸던 곳, 영등포, 구로, 가리봉동의 복사판 같은 곳, 바로 동대문 부근입니다. 한국 현대 노동 운동사의 메카라는 점에서도 영등포와 동대문은 꼭 닮았네요.

동대문 전철역에 내리면 바로 창신동으로 통합니다. 창신동, 낙산

산자락에 닥지닥지 붙은 판잣집들이 있던 곳이지요.

정수인(서울역사박물관 학예사) 청계천 주변에 봉제공장이 많았고, 창신동은 그 평화시장 봉제공장 노동자의 주거지 역할을 하던 곳이었어요. 버스터미널이 동대문에 자리해 있어서 무작정 상경한 이들이 일자리를 찾으며 터를 잡는 곳이 동대문 낙산의 창신동이었죠. 특히 판잣집들이 즐비하고 집값이 싸서 서울에 올라온 많은 이들이 이곳에 터를 잡았습니다.

우리는 작은 집에 일곱이 산다 너 네는 큰집에서 네 명이 살지
그것도 모자라서 집을 또 사니 너 네는 집 많아서 좋겠다
하얀 눈 내리는 겨울이 오면 우리 집도 하얗지
내일이면 우리 집이 헐리어진다 쌓아 놓은 행복들도 무너지겠지

창신동 일대 봉제
공장에서 미싱은
잘도 돌고 있었다

오늘도 그 사람이 겁주고 갔다

가엾은 우리 엄마 한숨만 쉬네

가난이 죄인가 나쁜 사람들 엄마 울지 말아요

이장순 〈못 생긴 얼굴〉 (한돌 작사·작곡, 2001)

한돌이 1980년대 초에 지은 〈못 생긴 얼굴〉, 이장순의 목소리로 듣고 있습니다. 어찌 보면 서울의 주거지 역사는 늘 이렇게 판자촌을 허물고 재개발하고, 사람들을 더 변두리로 계속 밀어내고를 반복되는 과정이었을지도 모릅니다.

3천 개에 이르는 창신동 의류공장

아직도 창신동에는 작은 집이 많고 심지어 쪽방도 많습니다. 놀라운 것은 골목골목 들어차 있는 작은 의류공장들인데요. 창신동 골목골목에 무려 3천개나 있다고 하네요. 동대문시장 바로 뒤에서 이 시장을 떠받치는 진짜 배후지가 바로 창신동 봉제골목이랍니다. 정수인 학예사의 설명입니다.

정수인(서울역사박물관 학예사) 청계천 평화시장에서 젊은 시절 일해 온 여공들이 재단사인 남편을 만나면, 부부가 옷 한 벌 만드는 시스템 갖춰지는 거예요. 이들이 창신동으로 넘어와서 미싱기 한 대 놓으면 집 안에 가내수공업 공장이 하나 차려지는 거죠. 지금 동대문시장 옷의 80~90%가 창신동에서 만들어질 만큼 수요를 확보하고 있어요. 그만큼 창신동은 동대문시장 발전의 배후지 역할을 했습니다.

빨간 꽃 노란 꽃 꽃밭 가득 피어도
하얀 나비 꽃나비 담장 위에 날아도
따스한 봄바람이 불고 또 불어도 미싱은 잘도 도네 돌아가네
흰 구름 솜구름 탐스러운 애기구름
짧은 샤쓰 짧은 치마 뜨거운 여름
소금 땀 비지땀 흐르고 또 흘러도 미싱은 잘도 도네 돌아가네
노래를찾는사람들 〈사계〉 (문승현 작사·작곡, 1989, 노래모임 '새벽' 노래, 1986)

사시사철 미싱은 계속 돌아간다네요. 사시사철뿐이 아닙니다. 이곳의 작업은 밤낮 없이 돌아갑니다. 창신동 봉제공장의 김종임 씨입니다.

김종임(미싱사) 톱니바퀴 돌듯 착착 돌아가죠. 그러니까 제작만 하는 집이 있고, 원단을 재단해서 저희한테 날라다주면 꼬매고 바느질해서 시아게집으로 보내죠. 시아게는 단추 달기나 다림질 등 마무리 작업을 하는 곳이에요. 재단집, 미싱집, 시아게집, 이렇게 다 분업화돼 있고요, 시아게 끝나면 출고하는 거죠. 오늘 일이, 내가 하는 일이 원피스가 40장 정도 돼요. 오늘 8시쯤 마

무리해서 시아게집에 가면 12시에 가게로 갈 거거든요. 속도로 보면 다른 곳에서는 볼 수 없이 팽팽 돌아가죠. 미싱사가 한번 일 시작하면 밖으로 나올 수가 없어요. 일만 해야 돼요. 저희 집은, 일이 있을 때는 하루 14시간은 일하는 거 같네요.

동대문 의류 산업, 그 기나긴 역사

드디어 동대문 상가 거리에 들어왔습니다. 우리나라 의류산업의 메카이자, 3만여 점포가 밀집한 아시아 최대의 의류 상가. 이 동대문 지역이 의류 산업의 메카가 된 연원은 아주 깊습니다. 한양대 전우용 교수의 설명입니다.

전우용(한양대 교수) 동대문 일대는 지대가 낮아 안보상 이유로 군사시설이 많았고 조선 시대에 직업군인과 그 가족들이 살았던 곳이에요. 그러나 이들에게 급료를 제때 주지 못하던 조선 정부가 이들에게 다른 권리를 줘요. 비번 때 포목 등을 파는 권한을 예외적으로 허용하는 거죠. 일종의 '투 잡' 권리. 그 자리가 이들의 거주지인 동대문이었고, 그래서 동대문 일대에 배오개시장이 형성된 겁니다. 이것이 광장시장과 동대문시장으로 이어지죠. 동대문시장의 역사는 이런 긴 연원을 지닌 것입니다.

아, 그러니까 조선 시대에 직업군인 가족들이 포목 장사를 시작한 게 동대문 의류시장의 기원이었군요. 지금도 동대문 광장시장에 가면 포목 원단이 핵심 품목인데요. 동대문 의류시장의 역사가 이렇게도 깊었네요.

내국인과 외국 관광객, 그리고 낮밤이 뒤섞이는 곳

이제 이곳은 밀리오레, 두타 같은 쇼핑몰이 있는 국내 최대 의류 쇼핑 지역입니다. 특히 이곳은 밤에 오면 별천지죠. 낮밤이 완전히 뒤바뀐 동대문시장에 옷감 자루를 든 젊은이들이 한겨울 추위에도 아랑곳 않고 반팔 차림으로 바삐 움직입니다.

동대문시장 상인　저녁 8시에 아침을 먹고 출근하죠. 새벽 두 시 반, 지금이 점심이에요. 끝나고 아침에 저녁을 먹어야 하는데, 주로 안 먹고 그냥 퇴근해요. 전 아직 3년도 안 됐어요. 이 형은 15년 됐어요.

원하는 옷을 먼저 떼어가려는 전국의 소매상들이 몰려옵니다.

소매상　서울에서 옷 장사 하고 있어요. 여긴 없는 게 없으니까 전국에서 다 모이죠. 근데 요즘에는 여기도 중국 사람들이 많아요.

유행하는 옷을 싼 값에 사가려는 관광객들도 많습니다.

243

관광객 너무너무 생각했던 거 이상으로 에너지를 받고 가는 거 같아요. 잠 안 자고 나온 보람이 있네요.

한국인만이 아닙니다. 영어와 중국어가 뒤섞여 들립니다. 여기저기에서 외국어로 흥정이 이루어집니다.

우라이라 우라이라 와와쿠라 샹빠바 샹마마 샹야오후이쟈
(雾来啦 雾来啦 娃娃哭啦 想爸爸 想妈妈 想要回家)
우라이라 우라이라 톈서안라 싱파광 신파황 메이여우팡샹
(雾来啦 雾来啦 天色暗啦 星发光 心发慌 没有方向)
헤이야 헤이야 쉐이넝게이워리량 루만창 아이만창 다이워후이쟈
(黑呀 黑呀 谁能给我力量 路漫长 爱漫长 带我回家)
〈와와(娃娃)〉(드라마 〈대장금〉 주제가 〈오나라〉의 중국어 버전)

드라마 〈대장금〉 주제가 〈오나라〉의 중국어 버전입니다. 이 노래만이 아니라, 웬만한 드라마 주제가들이 다 중국어로 취입되어 팔리고 있습니다.

몽골, 네팔… 하이브리드 문화의 가능성

그런데 이 동대문 부근의 외국인들은 이들 관광객만이 아닙니다. 이 부근에는 외국인들 대상의 식당과 식료품점이 많습니다. 그만큼

여기 거주하는 이주노동자들이 많다는 말이지요.

몽골인 이주노동자 드라마 보면 너무 깔끔하고 그랬는데 여기 와 보니까 드라마랑은 완전히 달랐어요. 근데 살다보니까 마음이 달라졌어요. 마음이 편해졌어요. 우리 몽골보다 살기 편하구나 생각하게 됐어요.

내 이름은 솔롱구스. 무지개라는 뜻이에요
몽골 사람들은 한국을 솔롱구스라고 부르죠
내 이름은 솔롱고.
한국 사람 만났어도 젊은 사람 만나서 이야기할 기회, 별로 없었어요
만나서 반갑습니다
명랑시어터 수박 〈내 이름은 솔롱고〉 (뮤지컬 〈빨래〉 중에서)

우리가 눈여겨보지 못할 뿐, 이미 서울 곳곳에 우리가 몰랐던 다 문화 세계가 펼쳐져 있습니다.

정병호(한양대 교수, 글로벌다문화연구원장) 대개 이주민들의 공간 이란 건, 그 지역의 틈새 공간이에요. 아주 외곽 지역, 교외 지역 으로 갈 수가 없는 것은, 일거리가 있어야 하기 때문이죠. 그래 서 대개 도심지의 낡은 주거지로 끼어들게 됩니다. 대개는 시장 주변이죠. 그들이 일하는 공장도, 큰 공장이 아니라 중소기업,

가내수공업 같은 곳에 비정규직으로 일하게 되고요. 그게 서울의 동쪽에서는 평화시장 부근의 동대문시장, 창신동, 거기서부터 중구 거쳐 성동구의 작은 공장들까지 이어지는 벨트가 형성되어 있는 거죠.

오늘은 나의 월급날 가슴이 두근두근합니다
한참동안 받지 못했던 월급을 돌려 준데요
나의 소중한 가족들 사랑하는 부모님
이제는 나의 손으로 행복하게 해줄게요
오 사장님 안녕하세요. 오 사모님 내 월급을 주세요
나의 꿈과 희망이 담긴 조그맣고 소중한 내 월급
얼마 전 하얀 봉투 들고 퇴근했던 동료들
내 어깨를 두드리며 걱정 말라고 말하지
자정 시간이 넘어야 나의 일이 끝나네
봉투 없는 내 월급 오늘도 보이지 않네
오 사장님 이러지 마세요 그 동안 밀린 내 월급을 주세요
날 욕 한건 참을 수 있어요. 내 월급만은 돌려주세요
이주노동자밴드 스탑크랙다운 〈월급날〉 (스탑크랙다운 작사·작곡, 2010)

스탑크랙다운의 〈월급날〉입니다. 미누는 네팔 출신의 노동자로 이주노동자밴드 스탑크랙다운을 조직해 노래를 발표했지요. 이 노래 속 세상은 동대문이기도 하고 바로 이전에 보고 온 가리봉시장,

가리베가스이기도 하고, 또 이주노동자가 무려 5~6만 명이나 살고 있는 안산의 모습이기도 합니다.

한류를 따라 온 관광객은 동대문 대형 의류상가에 모이고, 그 바로 뒷골목에는 코리안 드림을 찾아 온 이주노동자들이 모이고… 어쨌든 이곳이 다문화의 지역인 건 분명하네요.

줄자의 연주곡 〈검은 말〉

'흐미'는 몽골의 전통음악으로, 한 사람의 목소리에서 두 개의 다른 음을 한꺼번에 내는 매우 독특한 음악이죠. 몽골의 거친 평원의 느낌이 고스란히 느껴집니다. 이렇게 살던 사람들이 지금 이 서울, 동대문 부근에서 우리가 입을 옷의 실밥을 뜯고, 옷감을 정리합니다. 그리고 휴일에는 모여서 좋아하는 음악을 함께 듣고 고향의 음식을 해먹기도 한답니다.

민족동질성 의식이 강한 우리나라 사람들에게 이 사람들의 존재가 불편할 수도 있습니다. 하지만 멀리 보자면, 이런 다문화지역은 알고 보면 서울의 가장 소중한 자산입니다. 한 사회의 변화를 이끄는 하이브리드 문화라는 게 바로 이런 곳에서 만들어지기 때문이죠. 역사를 봐도 문화를 발전시키는 힘은 언제나 고여 있는 중심부가 아니라, 만나고 뒤섞이고 파동 치는 주변부에서 생겨나기 마련이니까요.

서울살이 몇 핸가요?

아무래도 난 돌아가야겠어.

이곳은 나에게 어울리지 않아

화려한 유혹 속에서 웃고 있지만

모든 것이 낯설기만 해

외로움에 길들여진 후로

차라리 혼자가 마음 편한 것을

어쩌면 너는 아직도 이해 못하지

내가 너를 모르는 것처럼

장철웅 〈서울 이곳은〉 (김순곤 작사, 장철웅 작곡, 1994)

여전히 서울이 어울리지 않아 모든 것이 낯설기만 한 이들, 화려한 유혹 속에 잠시 웃지만 그 무엇도 될 수 없는 슬픔에 젖은 이들, 무심하게 바라만 보는 우리 때문에 외로운 이들. 이 노래의 가사를 자신의 이야기로 품고 사는 이들은 여전히 많습니다. 들리지 않는 목소리, 보이지 않는 얼굴들, 그들에게 '서울 이곳은' 과연 어떤 곳일까요? 서울은 그들에게 제2의 고향이 돼 줄 준비가 돼 있는 걸까요?

서울살이 몇 핸가요

언제 어디서 무슨 일 있었는지

마음에 담고 살아가나요.

서울살이 20년 네 번째 적금통장 해지

남편을 위해 자식을 위해

명랑시어터 수박 〈서울살이 몇 핸가요〉 (뮤지컬 〈빨래〉 중에서)

일본에서까지 큰 반향을 일으킨 뮤지컬 〈빨래〉의 주제가 〈서울살이 몇 핸가요〉란 노래입니다. 솔롱고라는 이주노동자와 시골 출신의 서점 여직원이 뮤지컬 주인공입니다. 작은 월세 방에서 팍팍한 서울살이를 하는 사는 두 청춘, 이들은 옥상에서 빨래를 널다가 눈이 맞고 서로를 위로하는 사랑을 합니다.

변두리 서민 동네란 이런 곳이죠. 청량리든, 영등포든, 동대문이든 전국 아니 전 세계에서 가난한 사람들이 모여와 일하고 먹고 삽니다. 자랑스럽고 화려한 서울을 광고할 때에는 늘 뒤에 숨어 있어야 하는, 좀 누추한 곳이지만요. 뮤지컬 〈빨래〉를 만든 추민주 씨입니다.

추민주(연출가) 이런 사람도 살고 있고, 또 이런 공간도 존재해야 사람들이 같이 모여 살고 다양하게 살 수 있는데, 다 밀어버리고 깨끗하게만 만들면 딱 거기에 맞는 사람들만 모여 살게 될 거 아니에요. 그건 생각만 해도… '다양한 모습으로 살아가야 한다'라는 당위를 떠나서, 실제로 우리는 굉장히 다양하니까요. 이런 사람도 있고 저런 사람도 있고. 이 도시가 어떤 기준에 맞춰서 그 기준에 맞는 사람들만 살아가야 하는 도시라면 너무 인간적이지 못한 도시 아닐까요. 서울이 그러면 안 된다고 생각해요.

희정 엄마 울지 마, 나영아. 얘, 아줌마는 15살에 공장 생활 시작해서 3교대도 아니고 2교대로 돌리는 공장에서 매일 밤 코피 쏟아가면서 일했다. 하여간 그 윗대가리들 마음대로 휘두르는 건 예나 지금이나 마찬가지야. 그러니까 나영아, 그만 울고 힘을 내야, 내일 또 따지러가지, 응?
명랑시어터 수박 뮤지컬 〈빨래〉 중에서

하지만 누추한 게 그렇게 부끄러울 일인가요? 이곳에서 부대끼며 열심히 살아낸 덕분에 옷과 김치가 만들어지고, 그래서 서울 전체가 먹고 입고 살았습니다. 그리고 전국 방방곡곡 그리고 지구촌 여러 생활과 문화가 모여 부대끼며 그곳에서 새로운 삶의 방식과 문화가 싹트지 않을까요. 관용과 화합과 사랑의 방법을 배우게 되는 곳, 그게 변두리의 힘이겠지요.

빨래가 바람에 제 몸을 맡기는 것처럼
인생도 바람에 맡기는 거야
깨끗해지고 잘 말라서 기분 좋은 나를 걸치고
하고 싶은 일 하는 거야
난 돈도 많이 벌고 사랑도 많이 할 거야
난 건강하게 살 거야 난 지치지 않을 거야

자 힘을 내 자 힘을 내 자 힘을 내 어서

명랑시어터 수박 〈슬플 땐 빨래를 해〉 (뮤지컬 〈빨래〉 중에서)

여행을 마치며

사람이 떠나도 장소에는 사람의 온기가 남습니다. 켜켜이 쌓인 사람들의 온기가 장소에 특별한 열기를 선사합니다.

어떤 노래들은 장소의 그 열기로부터 태어났습니다. 눈물과 애환, 열정과 환희, 그리움과 아쉬움을 담고 있는 인구 천만 삶의 터전 서울!

그 한가운데에서부터 끝 가장자리까지, 장소의 열기를 간직한 노래들로 들으며 걸었던, 나흘간의 음악 여행을 이제 마치려고 합니다.

사람은 장소를 '발명'하지만 노래는 장소를 '발견'합니다.

두 귀를 타고 흐르는 우리 시대의 노래들이 '발견'한 그때 그 곳은, 어떤 장소들이었을까? 어떤 사연들은 꼭꼭 숨기고 있는 곳이었을까? 귀를 기울여 그 곳을 다시 찾아가 봅니다.

2013 기획 특집 〈사운드 맵 음악으로 그린 서울 지도〉, 대단원의 막을 내립니다. 청취자 여러분, 고맙습니다. 지금까지 기획 취재에 이진성·박재철, 구성에 이영미, 저는 노래하는 한영애였어요.

사람은 장소를 '발명'하지만 노래는 장소를 '발견'합니다.
두 귀를 타고 흐르는 우리 시대의 노래들이 '발견'한 그때 그곳.

Outro

세노야

세노야 세노야
산과 바다에 우리가 살고
산과 바다에 우리가 가네

세노야 세노야
기쁜 일이면 저 산에 주고
슬픈 일이면 님에게 주네

세노야 세노야
기쁜 일이면 바다에 주고
슬픈 일이면 내가 받네
고은

세노야는 뱃사람들이 멸치잡이를 할 때 노를 저으며 부르는 흥겨운 소리 가락을 일컫는 말이라고 합니다.

그런데 이 시에 곡을 붙인 양희은의 〈세노야〉는 들뜨게 흥겹다기보다는 차분하게 슬픕니다.

낯선 땅에 와서 자신에게 주어진 버거운 짐을 짊어지고 삶의 언덕을 묵묵히 올라가는 사람들의 가난한 등이 노래 속에서 언뜻 언뜻 보입니다.

마지막 장인 〈지하철 1호선, 노래를 실어나르다 -청량리, 영등포, 구로, 동대문〉 편에서는 노래 〈세노야〉에 스며있는 정서가 아름드리 큰 그늘을 드리웁니다.

좌석 없이 기차를 탄 타인의 자리에 잠시 앉아 있노라면 으레 찾아오는 불안, 누구나 한번쯤 겪어봤을 테지요. 언제 주인이 나타나 자리를 내놓으라고 할지 조마조마하던 그 익숙한 불안감 말입니다. "이 많은 자리 중에 내 자리 하나 없네."라는 스치듯 찾아오는 씁쓸함은 서울에 터 잡고 살아가는 많은 서민들이 떠올리는 그것과 비슷합니다. 특히 지방이나 타국에서 아무 연고도 없이 각박한 서울 한구석을 비집고 살아가야 하는 장삼이사들이 느꼈을 법한 외톨이 기분. 거기에 이방인을 향한 시선이 더해져 암실에 갇힌 외톨이의 그 짙은 애환은 이 장의 많은 노래에 고스란히 현상(現像) 됐습니다.

마지막 장에서는 그렇게 모아진 변방의 풍경을 담은 사진들을 하나씩 넘겨가면서 서울 음악 여행을 떠났습니다. 정직한 노동에 정확한 셈을 하지 않았던 우리의 모습도 되돌아봤습니다.

서울은 과연 어떤 도시일까요? 아니 어떤 모습의 도시여야 할까요? 뮤지컬 〈빨래〉의 연출가 추민주 씨의 이야기에서 그 답의 단초를 찾아봅니다.

'다양한 모습으로 살아가야 한다' 라는 당위를 떠나서, 실제로 우리는 굉장히 다양하니까요. 서울이라는 도시가 어떤 기준에 맞춰서 그 기준에 맞는 사람들만 살아가야 하는 도시라면 서울은 결코 인간적인 도시는 아닐 겁니다, 라는 지적 말이죠.

더구나 우리가 서울의 변두리라고 부르는 바로 그곳에서 고기와 채소, 옷감과 생필품이 나와 서울 전체가 먹고 입고 살았다는 사실에서는 더욱 더 추 씨의 말에 고개를 끄덕이게 됩니다.

「세노야」의 시구처럼 너와 나, 우리가 사는 산과 바다 마냥 서울에도 나와 다른 너, 너와 다른 나, 우리 모두가 어울려 함께 살아가는 모습이 아름답게 조화롭게 향기롭게 펼쳐졌으면 좋겠습니다. 그리고 그런 서울을 담은 노래들이 지금보다 더 많이 태어났으면 합니다.